Manuel de pratique du WCS

Volume 1 : Les fondamentaux

Manuel de pratique du WCS Volume 1 : les fondamentaux

Ecrit par Thomas Peres
Publié et mis en page par Thomas Peres
Relecture par Alexandre Bonneau
Dessins par Emmanuelle Dabremont
Remerciements à Swann Doucet

wcsfrance.com
contact@wcsfrance.com

Pour toute information complémentaire sur cet ouvrage ou le WCS, vous pouvez adresser vos questions par mail à l'adresse : contact@ wcsfrance.com

Imprimé à la demande par *Amazon KDP.*
ISBN : 9798565816587
Dépôt légal : Janvier 2021

Manuel de pratique du WCS

Volume 1 : Les fondamentaux

Ecrit par Thomas Peres

WCS France
Warfare Combat System France

SOMMAIRE

Partie II : Méditation

Partie III : Enracinement

AVANT PROPOS

Le WCS : Et si les arts martiaux devenaient simples ?

WCS est l'acronyme de Warfare Combat System. C'est une méthode à mi-chemin entre l'art martial et le développement personnel. Cette méthode vous aide à comprendre le fonctionnement profond de votre corps et votre esprit, et vous permet d'améliorer votre mobilité, vos performances, vos capacités combatives ou tout simplement votre vie de tous les jours.

Cette méthode regroupe tout un lot de connaissances tirées des arts martiaux et arts de vie asiatiques, ré-expliqués pour être facilement compréhensibles de nos jours.

Son principal atout est sa simplicité, de par sa facilité à être mise en œuvre, et son efficacité.

Le WCS a été créé en 2012 en Corée du Sud par DK Yoo. Dk Yoo est aujourd'hui reconnu mondialement pour ses capacités martiales. Il enseigne sa méthode en Corée à Séoul, et partout ailleurs dans le monde lors de stages.

Après de graves soucis de santé à l'âge de 10 ans, ses parents le mettent aux arts martiaux pour « lui redonner de l'énergie ». C'est vite devenu une passion, et DK Yoo a continué dans cette voie. Mais les arts martiaux sont un domaine vaste, et petit à petit il se rendait compte qu'il devenait difficile d'obtenir des réponses concrètes à ses questions.

Peu importe le maître, peu importe l'art, il se retrouvait toujours limité dans son apprentissage et sa progression. C'est un fait courant dans les arts martiaux, où il est considéré comme normal de parfois mettre plusieurs années à comprendre un simple détail. C'est un phénomène encouragé par les maîtres, et qui participe à la légende des arts martiaux. Beaucoup d'artistes martiaux ont encore cette croyance qu'il existe toujours ce vieux maître caché dans sa montagne, qui détient des secrets quasi mystiques. Beaucoup passent leur vie à chercher ce maître et ses secrets.

Dk Yoo avait la soif d'apprendre, mais finit par se rendre compte que la légende avait petit à petit pris le pas sur la réalité, que de moins en moins de maîtres maîtrisaient les fondations de leur art, et qu'ils souhaitaient encore moins les divulguer. De la légende il ne restait que la forme, mais plus le fond. Il décida alors d'entreprendre des recherches, indépendantes de tout art, ou de tout style, et de prendre comme point de départ non pas l'art martial, mais l'être humain.

Il étudia donc par quels moyens les maîtres arrivaient à atteindre la relaxation, la vitesse, la puissance qu'ils démontraient, mais qu'ils ne savaient plus expliquer, et testa tout cela sur lui-même. C'est ainsi qu'était né le WCS.

Dk Yoo a donc publié en 2015 une vidéo de quelques minutes appelée « 15 martial arts » présentant ses capacités de vitesse et de puissance, inspirée d'une quinzaine d'arts martiaux. Cette vidéo a très vite fait le tour du monde, beaucoup de personnes étant impressionnées par la fluidité et la liberté des mouvements de Dk Yoo, d'autres doutant de la véracité de la vidéo. Quoi qu'il en soit, personne n'y restait indifférent. J'ai même par la suite rencontré beaucoup de personnes qui ne pratiquaient pas du tout les arts martiaux, et qui me disaient regarder les vidéos de DK Yoo juste par plaisir, pour le voir bouger.

En 2015, j'avais la sensation d'arriver vers la fin de mon parcours martial, j'avais envie de pousser mes connaissances et mes compétences plus loin. Je suis donc parti à Hong Kong plusieurs mois, pour « m'entraîner à la source » comme on dit, et continuer le voyage en Chine Continentale. Mais je dois avouer que j'ai été déçu. L'enseignement se payait cher et demeurait finalement toujours plus secret ; et puis ce n'était plus ce que je recherchais, je voulais des réponses.

C'est à ce moment-là que j'ai découvert la vidéo de DK Yoo. Je lui ai envoyé un message, et pris l'avion direction Séoul pour m'entraîner dans sa salle. Dès les premières minutes, j'avais compris que l'on était dans une autre ère des arts martiaux. Cours particuliers, pas de kimono, petite salle sobre, un homme jeune et souriant dans ses baskets *nike*. Naturel.

Ce premier cours a été un choc. Pas de structure rigide, je peux demander à travailler sur la problématique que je veux, je peux lui poser n'importe quelle question. Il avait compris beaucoup et il voulait partager. Je suis resté donc 3 mois, le maximum de mon visa, pour m'entraîner à sa méthode.

En trois mois, j'avais pu déjà constater l'évolution de mon état de corps et d'esprit. Je boxais dans une salle en parallèle de mes cours avec Dk Yoo et, semaine après semaine, je gagnais en fluidité, en endurance, en précision. Tout devenait plus simple.

A mon retour en France, j'ai décidé d'organiser un stage pour Dk Yoo qui s'est tenu en novembre 2016.

A partir de ce moment, les gens se sont rendus compte que ce n'était pas juste une star du web mais que c'était du concret, et les demandes de stages ont commencé à affluer de partout dans le monde. J'ai continué à m'entraîner auprès de lui en

Corée du Sud et en stage, et finalement il a fallu que moi aussi, à mon tour, je partage ces connaissances.

Aujourd'hui nous voyageons ensemble un peu partout dans le monde pour enseigner sa méthode.

Au fil des entraînements, j'ai constaté que l'évolution d'un artiste martial ne dépend pas du nombre de techniques qu'il apprend ni de sa quantité d'entraînement, mais plutôt de sa capacité à intégrer en lui ce qu'il apprend, à vivre au plus profond de lui-même ce qu'on lui enseigne, sans copier un idéal ; la qualité qui prime sur la quantité, si l'on peut dire. Il ne faut pas oublier que l'artiste martial reste un artiste, qui trouve un intérêt dans quelque chose d'extérieur, l'assimile, le filtre, l'interprète et le ressort sous une autre forme.

Les « techniques », les kimonos, les grades, forment parfois des couches qui empêchent d'assimiler en profondeur. Au fil de mes années à partager le WCS, je me suis rendu compte que sans grade, sans travail technique, sans entraînements longs et violents, les artistes martiaux pouvaient parfaitement bien progresser, et souvent bien plus rapidement. Il fallait juste qu'ils assimilent, ou se souviennent des notions de bases oubliées, comme négligées.

La relaxation, la méditation, l'enracinement et la mobilité sont les fondamentaux des arts martiaux. Ce sont les fondamentaux simples que nous travaillons en WCS, pour notre vie martiale, et pour notre vie normale et que je souhaite partager avec vous dans ce guide.

Thomas Peres

COMMENT UTILISER CE GUIDE ?

Ce guide est une synthèse des bases de la méthode de DK Yoo, qui ressort de mon expérience en tant qu'instructeur, des échanges avec les milliers d'artistes martiaux que nous avons rencontrés, et des retours d'expériences de chacun. Les thèmes développés dans ce guide sont donc séparés en quatre notions distinctes, à savoir l**a relaxation, la méditation, l'enracinement et la mobilité,** dans le but d'en faciliter la compréhension. Une fois ces concepts assimilés et expérimentés, vous constaterez que ces quatre thèmes sont intimement liés.

Lisez ce livre en entier, dans l'ordre, et testez les exercices. C'est en testant les exercices que vous comprendrez et progresserez plus rapidement. La progression dépend de votre profil de départ, mais vous pourrez normalement déjà ressentir les premiers bénéfices de la pratique au bout de quelques jours.

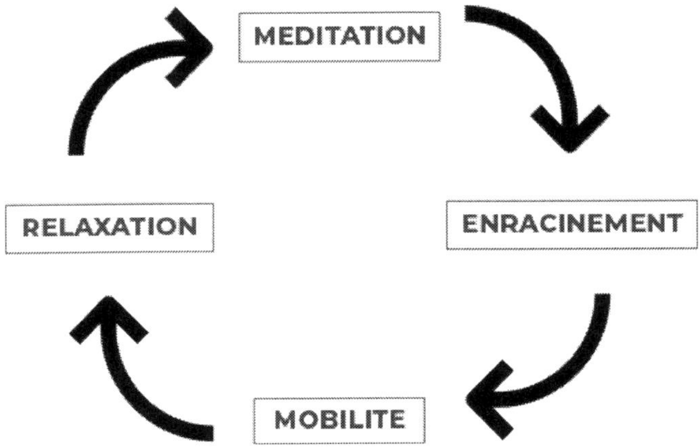

Utilisez ce guide pour vous faire votre plan d'entraînement quotidien personnel, en fonction de vos objectifs.

Si votre but est de gagner en vitesse, en explosivité ou en capacité d'accélération, vous pourrez focaliser votre entraînement quotidien sur le travail de la relaxation, de la gestion de la tension et sur certains exercices de mobilité.

Si votre but est de gagner en puissance, vous pourrez accentuer le travail sur l'enracinement, et sur le *chisao* (voir dans la partie mobilité). Cependant, chacun de vos entraînements doit respecter les fondamentaux présentés dans ce guide. N'en négligez aucun et votre progression sera rapide et constante.

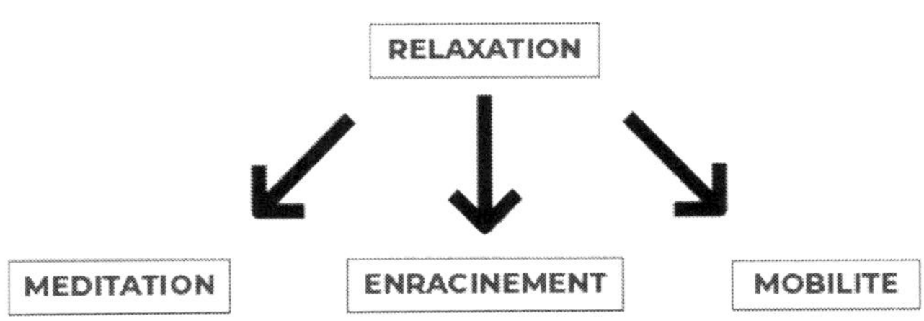

Maîtriser la relaxation de base vous permet de comprendre plus facilement méditation, enracinement et mobilité.

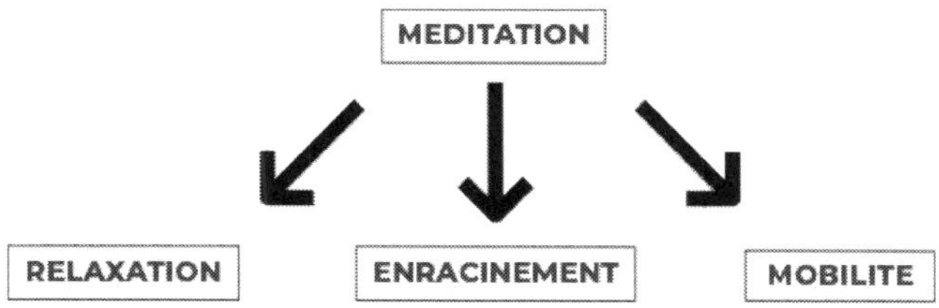

Maîtriser la méditation de base vous permet de faciliter la relaxation, de travailler plus longtemps et régulièrement l'enracinement, et vous aide à rester concentré dans votre exploration du corps pendant les exercices de mobilité.

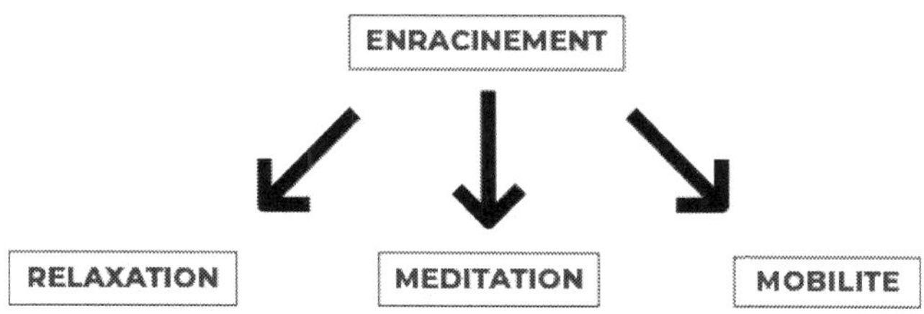

Maîtriser l'enracinement de base vous permet de mieux ressentir les variations de votre relaxation, de renforcer votre corps pour rester plus longtemps en méditation, et de sentir la circulation de l'énergie dans les exercices de mobilité.

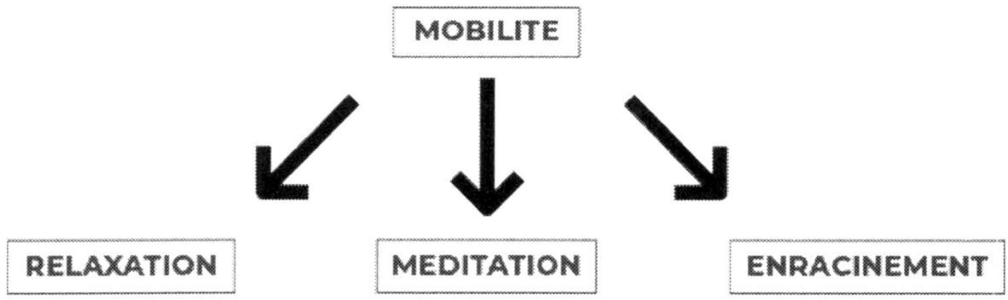

Enfin, maîtriser les exercices de mobilité de base vous permet de tester, de façon concrète, votre évolution ainsi que l'utilité de ces fondamentaux.

Plus vous maîtriserez ces fondamentaux, plus facilement vous comprendrez votre corps, votre esprit et les différents mouvements que vous souhaitez apprendre, pour n'importe quel art martial ou n'importe quel sport. Beaucoup de ces exercices sont en réalité des exercices de conscience.

Ce guide se veut complémentaire aux formations déjà disponibles sur le site de DK Yoo. Si vous souhaitez approfondir vos connaissances, rendez-vous sur dkwcs.com ou sur wcsfrance.com

Retrouvez un exemple d'entraînement quotidien à la fin du livre.

RELAXATION

RELAXATION CONTRE LE STRESS ET LA TENSION

Combien de fois vous l'a t-on déjà dit dans votre vie ou à l'entraînement ? « Détends-toi ! »

Oui, mais qu'est-ce que ça veut dire « se détendre » ?

Nous avons tous besoin de nous détendre. Mais dans notre quotidien d'Hommes et de Femmes pressés par nos objectifs et par nos plans, la relaxation devient un concept secondaire et de plus en plus abstrait.

On a tous une vision bien personnelle de ce qu'est la relaxation. « Pour me détendre j'ai besoin d'être tranquille sur mon canapé, au chaud devant ma télé, à deux doigts de m'endormir », ou « sur une plage au soleil, les deux pieds bien plantés dans le sable ». Ou encore « j'ai besoin de prendre un bon bain chaud ».

Ces visions sont plaisantes mais elles ont un problème : Je me détends grâce à des outils externes. Par exemple, j'associe le bain à la relaxation parce que je sais qu'il agit sur mon niveau de relaxation.

En vérité, il n'existe pas de réponse à la question « C'est quoi la relaxation ? ». La réponse n'est pas explicable par des mots, c'est une sensation. Ce serait comme vous demander « ça veut dire quoi le chaud ? Ou le froid ». C'est impossible à décrire, mais on l'a tous déjà vécu et on en a tous une « définition » différente.

La relaxation c'est donc ça, une sensation inexplicable et pourtant primordiale au bien-être. Le problème est que l'on n'arrive pas à « déclencher » la relaxation instantanément.

On peut opposer à la relaxation le stress ou la tension. Ce sont deux ennemis jurés. Le stress nous crée petit à petit de la tension dans le corps et nous empêche de déclencher en nous la relaxation. C'est comme une lutte sans fin.

Si je vous dis « stress », à quoi pensez-vous ? Peut-être au travail, à des situations personnelles ou avec des amis, à des remarques ou des choses que vous avez vues ou entendues. En général, la notion de stress nous est très personnelle et son intensité est différemment ressentie suivant les personnes.

Le mot stress est intéressant parce qu'il définit une sensation très profonde. On ne parle jamais de stress physique. Le stress est toujours « mental ». Il fait appel à des situations abstraites et donc non concrètes. Je suis stressé par ce qui peut se passer demain, par ce que j'ai fait hier. Le stress est une sensation latente, qui traîne quelque part dans le mental, hors du moment présent, soit dans le passé, soit dans le futur. Quelque chose ou quelqu'un peut influencer notre niveau de stress, mais bien souvent on se crée le stress nous-même ! Nous sommes responsables de notre gestion du stress.

Mais si le stress peut se déclencher si facilement chez nous, cela devrait être pareil pour la relaxation, non ?

Tension : le point culminant du stress

Quand on stresse au moment présent, on va plutôt parler de tension. **Je stresse pour le futur, je me tends au présent.** Essayez de vous remémorer un moment de tension. Cette sensation ne s'oublie pas. C'est le moment ou votre corps est tendu, où vous serrez le poing et les dents, ou vous êtes sur le point d'exploser. Remarquez que ces sensations sont différentes de celles du stress. Le stress vous occupe l'esprit, vous empêche de dormir, il va et vient. Il peut être dissimulé pendant quelques temps avant de revenir. En fait, le stress masque la réalité des choses. La tension ne fonctionne pas de la même façon. La tension reste dans le corps et ne peut pas être oubliée. Elle est concrète.

Normalement, la tension survient en réaction à un évènement extérieur présent. Quelque chose en moi interprète la situation présente, et me dit qu'à cet instant, je dois me mettre en tension, en action, pour faire face à la situation.

Mais bien souvent notre perception de la situation présente est faussée par notre niveau de stress !

Nous avons donc en nous deux mécanismes qui servent en apparence à notre défense : le stress et la tension. Les conséquences de ces deux mécanismes sont souvent confuses, puisque nous confondons stress et tension. Comme tout mécanisme « automatique » de notre corps, nous devons apprendre à les maîtriser. Nous connaissons tous dans notre entourage une personne stressée dans la vie courante, mais qui réussit très bien à agir sous la pression, même si cela nous surprend. Et vice versa, beaucoup de personnes en apparence imperméables au stress, se retrouvent complètement bloquées lors d'un pic de tension.

Comme la plupart d'entre nous ne sait plus percevoir notre niveau de stress, nous avons du mal à percevoir clairement les situations que nous vivons.

Prenons l'exemple d'une altercation entre vous et une autre personne en sortie de bar, la nuit. Si la personne vous « tombe dessus » d'un coup sans vous prévenir et vous attrape, le stress monte d'un coup jusqu'à un pic de tension. Votre corps se tend, et devient inutilisable. Vous perdez le contrôle de vous-même, de vos mouvements et de votre esprit.

Si l'altercation est moins violente, avec des paroles, des discussions, votre stress peut monter sans pic de tension. Néanmoins votre esprit sera occupé par cette source de stress, et va se focaliser dessus. Vous perdez conscience de votre environnement et de ce qui s'y passe. Le stress prend le dessus petit à petit.

En fait, la tension du corps est comme le point culminant sur l'échelle du stress. Comme l'eau qui monte sans arrêt et finit par déborder. Plus le stress s'accumule, plus j'ai de chances de me mettre facilement en tension.

Apprendre à se débarrasser du stress du futur et du passé permet de récupérer une vision claire de ce qui se passe autour de soi et de ce qui se passe aussi dans son corps au présent.

Les états de corps tendus et relâchés

Autant le stress peut être difficile à ressentir, autant la sensation de tension elle, se perçoit assez facilement. Si je vous demande de vous mettre en tension, vous pouvez le faire quasi instantanément. Vous pouvez par exemple contracter le bras droit à fond (poing, avant-bras, biceps et triceps). Mais avez-vous remarqué à quel point il est difficile d'utiliser votre corps lorsque vous êtes en tension ? Comme il est moins précis ? Un peu comme si vous ne le maîtrisiez plus totalement ?

Il faut bien comprendre l'intérêt d'un corps relâché par rapport à un corps en tension. Un corps relâché et détendu bouge mieux. Ses muscles sont souples, sa respiration est calme, il consomme moins d'énergie, il est beaucoup plus lourd, et est en même temps en contrôle de ses mouvements.

L'intérêt de ceci dans les arts martiaux est indéniable. On entend souvent que l'art martial est l'art de la maîtrise du corps. Mais de quel corps ? Le corps *Tendu* ou le corps *Relâché* ? Trop souvent nous entraînons le corps tendu, sans prendre en compte le corps relâché. Non pas que l'un soit meilleur que l'autre, mais chacun à des avantages et des inconvénients qu'il faut prendre en compte dans son entraînement.

Une des missions des arts martiaux n'est pas la maîtrise d'un seul corps, mais l'union complète de tout le potentiel physique, mental et émotionnel d'une personne. Le travail sur la relaxation est par exemple un travail pleinement martial, puisqu'il lie directement corps et esprit à travers la maitrise de son stress (mentale) et de ses tensions (concrètes).

Une fois les états de corps tendus et relâchés maîtrisés, on pourra atteindre un état subtil, entre les deux, puisant au besoin dans le meilleur des deux états. La tendance actuelle est de créer des corps toujours plus en tension, des corps « qui encaissent ». La relaxation est parfois considérée comme une faiblesse dans les arts martiaux mais certains arts martiaux ne jurent que par la rechercher constante de la relaxation. Nous expérimentons actuellement les deux extrêmes. Certains ne voient que le « dur » alors que certains ne voient que « le vide ». La relaxation contre la tension.

Le débat fait rage depuis de longues années mais il serait intéressant de considérer que les deux sont efficaces, que les athlètes en tension on forcément besoin de relaxation dans leur vie pour pouvoir continuer à s'entraîner, et que les athlètes prônant la relaxation à outrance vivent forcément des situations de tensions dans leur vie. Tension et relaxation sont les deux faces d'une même pièce. Un coté n'est pas meilleur qu'un autre. Il est temps de voir que ces sensations sont des messages qui servent à vous équilibrer vers votre plein potentiel.

Si vous ne maîtrisez pas vos niveaux de relaxation, de stress, et de tension en tant qu'individu, dans votre quotidien, vous ne les maîtriserez pas en tant qu'artiste martial, et ce malgré tout l'entraînement du monde.

S'étalonner sur les sensations de relaxation et de tension

Jusqu'à présent, nous avons constaté que l'on connaissait bien les sensations de stress et de tension, mais qu'on connaissait mal la sensation de relaxation, et qu'on avait même besoin d'outils pour se relaxer, alors qu'on a besoin de rien pour se mettre en stress ou en tension.

Nous avons également vu que le stress était un phénomène mental et que la tension était un phénomène physique.

Nous avons vu ici la théorie. Mais tout n'est pas si clair. La tension, la relaxation, le stress cohabitent en vous jours après jours. Je ne suis jamais entièrement détendu puis entièrement stressé, ni entièrement tendu. Toutes ces sensations sont fluctuantes et relatives. Elles sont donc difficiles à détecter. Demandez à une personne stressée si elle est stressée. Elle vous répondra que non, même si pour vous elle est tendue à 90 %. Pour elle, elle est peut-être tendue seulement à 10 %.

Normalement **mon état de corps relâché devrait me servir comme de référence**. En effet, si j'ajoute du stress ou de la tension à mon corps relâché, je devrais pouvoir voir la différence. Je pourrais détecter une hausse de mon niveau de tension, et prendre des mesures pour contrer cela, pour revenir à

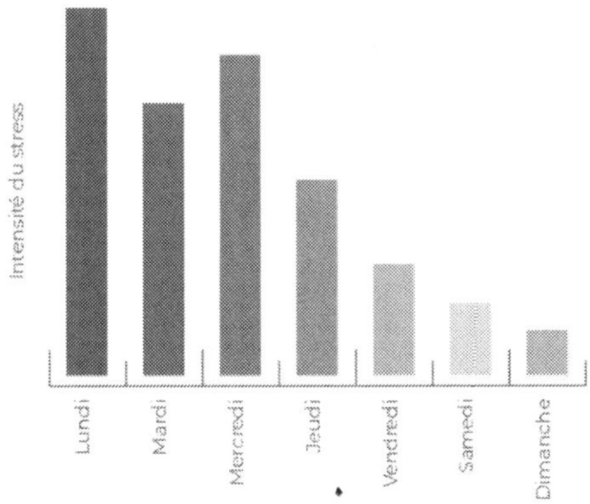

la relaxation, puisqu'un corps relâché présente plus d'avantages au quotidien qu'un corps tendu.

Un des outils censés fonctionner le mieux pour atteindre la relaxation est le sommeil. De plus, il tombe bien, car il est un processus naturel ; je n'ai donc pas besoin de me forcer à faire un effort particulier.

Prenons cependant un exemple. Je fais une grosse journée remplie de travail, de sport, de stress et de tensions. Mon corps est fatigué et a besoin de repos pour se régénérer, mais au moment de fermer les yeux le soir dans mon lit, je n'arrive pas à trouver le sommeil. Je me tourne, me retourne, fais semblant de dormir, mais sans y parvenir. Je commence à angoisser pour demain, pour mon temps de sommeil, la tête que je vais avoir, etc.. Mon corps est fatigué, mais mon mental continue d'être actif.

Que se passe-t-il ici ? Le sommeil est un état avancé de relaxation. Or, si vous ne savez déjà pas trouver la relaxation, il peut être très compliqué de trouver le sommeil. Vous essayez de passer d'un état de tension (même petite) à un état de sommeil sans passer par la case relaxation. Ce changement est brutal et n'entraîne pas avec lui le mental, qui lui reste dans cet état d'excitation.

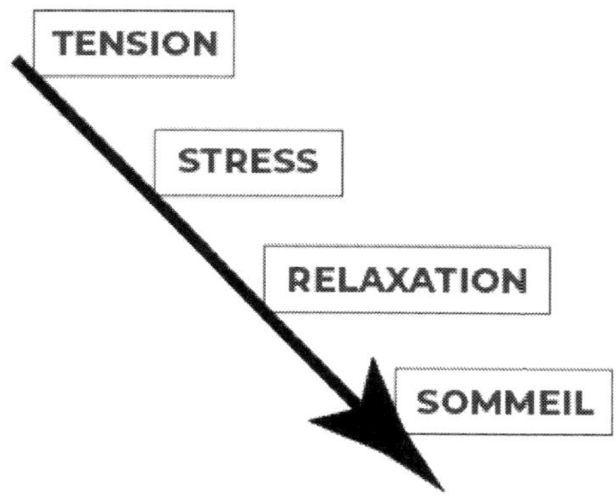

On pourrait dire que vous forcez votre corps à se relâcher (ce qui est paradoxal) sans y associer votre stress mental. Vous ne pouvez pas détendre votre corps sans détendre un minimum votre esprit. Et, à l'inverse, vous ne pourrez arriver au calme de votre esprit sans relaxer un minimum votre corps.

Relaxer les tensions du corps et du mental est un travail, une responsabilité quotidienne. Dans ce chapitre, j'aborderai principalement le processus pour libérer les tensions physiques du corps, et reconnecter avec ses sensations de relaxation pour que cette sensation redevienne un réflexe. Bien sûr, travailler de cette façon influera grandement sur la relaxation du mental, mais j'aborderai plus en détail cette question dans la partie consacrée à la méditation.

Concentrons-nous pour étalonner votre corps sur vos sensations de relaxation.

Relaxation Pratique

Comme nous le disions dans le chapitre précédent, ce qui est important dans cet exercice est de pouvoir se reconnecter réellement à la sensation de relaxation. Qu'est-ce que je ressens quand je suis relâché. Pour ça vous allez faire un exercice très simple.

Avant de faire l'exercice, essayez de noter sur une échelle de 0 à 10 votre état de tension mentale et physique, 0 correspondant au sommeil (relaxation totale) et 10 à l'énervement (Tension totale).

Etape 1 : 5 min ou plus si besoin - Respiration

Vous allez simplement vous allonger sur le sol, ou sur un tapis fin, et fermer les yeux. Il est important de faire cet exercice sur un sol relativement dur, afin d'avoir un retour d'informations direct du sol.

Respirez profondément en inspirant par le nez et en expirant par la bouche. Je conseille souvent de faire les 5 premières expirations en faisant du bruit, en soufflant fort, pour vraiment expulser l'air contenu dans les poumons. Trop souvent je constate que les gens ont du mal à souffler, à vider leurs poumons naturellement. Inspirez donc profondément, et expirez profondément.

Pensez bien à ce que représente votre cage thoracique. Elle prend une partie énorme de votre tronc, et si vous ne respirez pas, cette partie de votre corps reste gelée. Elle ne bouge pas, elle reste tendue. Inspirez par le nez, expirez par la bouche et sentez votre cage thoracique et ses muscles vivre, se tendre et se détendre. Vous pourrez aussi utiliser ce moment pour travailler différents exercices de respiration en fonction de vos connaissances et vos expériences.

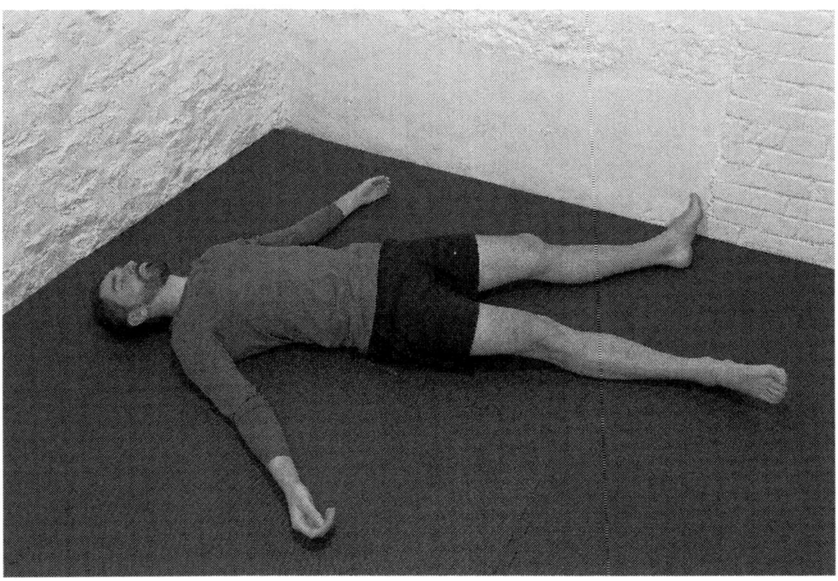

Détendez tous vos membres à chaque expiration, laissez tout votre corps s'enfoncer dans le sol. Plus votre corps est détendu, plus il va s'unir facilement avec le sol, devenir comme mou.

Ne croisez pas les bras ou les jambes, baissez les épaules, laissez les pieds s'écarter légèrement. Il faut trouver une position neutre, où le minimum de muscles est sollicité. Pour la majorité des gens, la posture ressemblera à ceci.

Cet exercice ressemble à la sieste, mais en vérité **la gravité est déjà en train d'agir directement sur votre corps**. Elle le tire dans le sol, le presse, l'allonge. Le simple fait de s'allonger sur le sol et de laisser faire la gravité peut être considéré comme un exercice. La plupart du temps de nos journées est consacrée à lutter debout contre l'effet de la gravité avec nos différentes couches de muscles et nos articulations. Quand on s'allonge, on se laisse emporter par la gravité, et nos muscles et articulations se retrouvent comme légèrement étirés.

C'est comme une boule de glace qui tombe sur le sol. Au début, elle est encore gelée et dure et forme une boule a peine en contact avec le sol, puis petit à petit elle commence à fondre et à s'unir avec le sol.

Le même effet se produit avec votre corps. Votre corps est peut-être gelé, à vous de le faire fondre dans le sol.

Étape 2 : 10 min ou plus si besoin : Relaxation = Poids dans le sol

Maintenant que votre corps a commencé à se connecter au sol et à se relâcher, nous allons optimiser ce travail. Vous avez certainement remarqué que votre corps semble plus lourd qu'au début de l'exercice. Vous commencez à prendre conscience d'une certaine quantité de pression de votre corps sur le sol. Votre corps s'enracine doucement dans le sol. Cette sensation correspond à un état de corps relâché. Plus votre corps est enraciné, plus il est détendu. Plus tard nous verrons comment nous servir de façon active de cette sensation d'enracinement.

Nous allons augmenter cette quantité de pression en parcourant tout le corps de la tête aux pieds.

1 - Commençons par la tête.

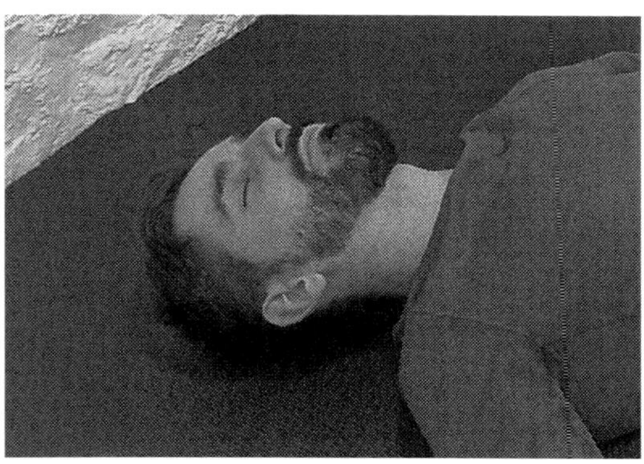

L'arrière de votre crane est en contact avec le sol. **Prenez conscience de la quantité de pression que génère votre crane sur le sol**. Vous allez maintenant essayer d'augmenter cette pression, en relâchant le maximum de muscles autour de votre crane. **N'appuyez pas en force dans le sol, essayez simplement de détendre encore plus de muscles.**

Vous pouvez relâcher des petites tensions autour des oreilles, du front, des yeux, de la mâchoire, du cou. Prenez le temps d'alourdir votre tête.

Réalisez que Relaxation = Pression dans le sol. Une fois que vous sentez que vous ne pouvez pas vous alourdir plus, descendez votre conscience jusqu'aux épaules.

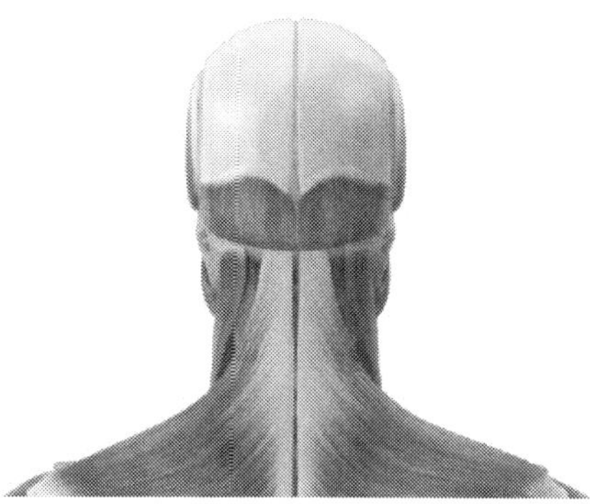

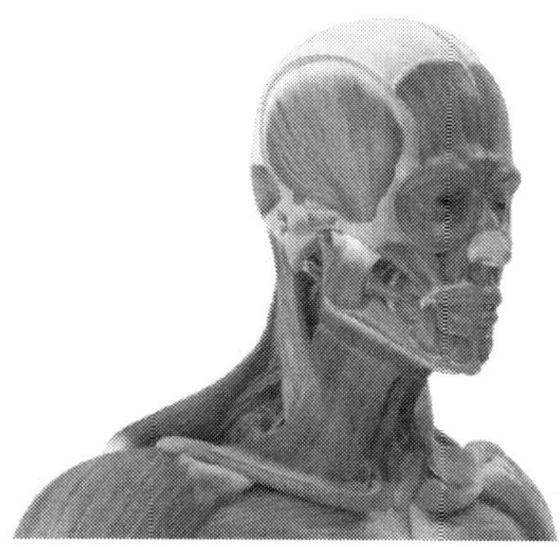

Utilisez ces images pour visualiser les muscles autour de votre crâne et les relâcher.

2 – Épaules et bras

Effectuez le même exercice avec les épaules. Prenez conscience de la pression avec le sol, et essayez de l'augmenter en relâchant le maximum de muscles autour des épaules. Demandez-vous si vous ressentez exactement la même quantité de pression entre l'épaule gauche et l'épaule droite.

Si la sensation est différente, c'est qu'une épaule est moins en contact avec le sol que l'autre. Cherchez-en la cause. L'épaule est une articulation complexe, et son positionnement correct dépend souvent de l'action de plusieurs muscles. Relâchez trapèzes, pectoraux haut et bas, dorsaux, mâchoire,

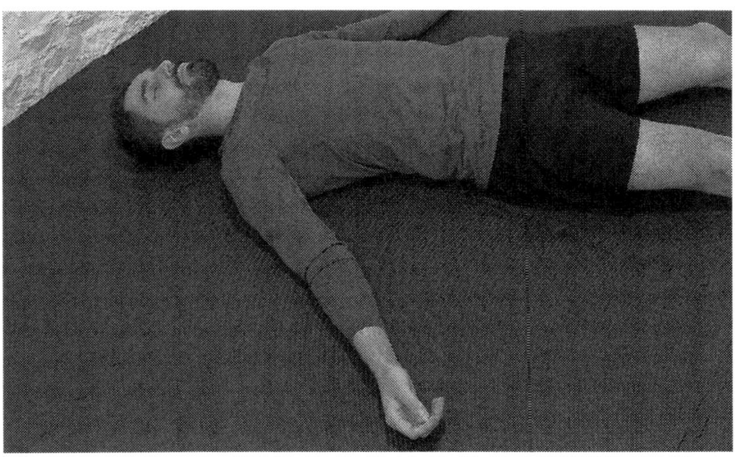

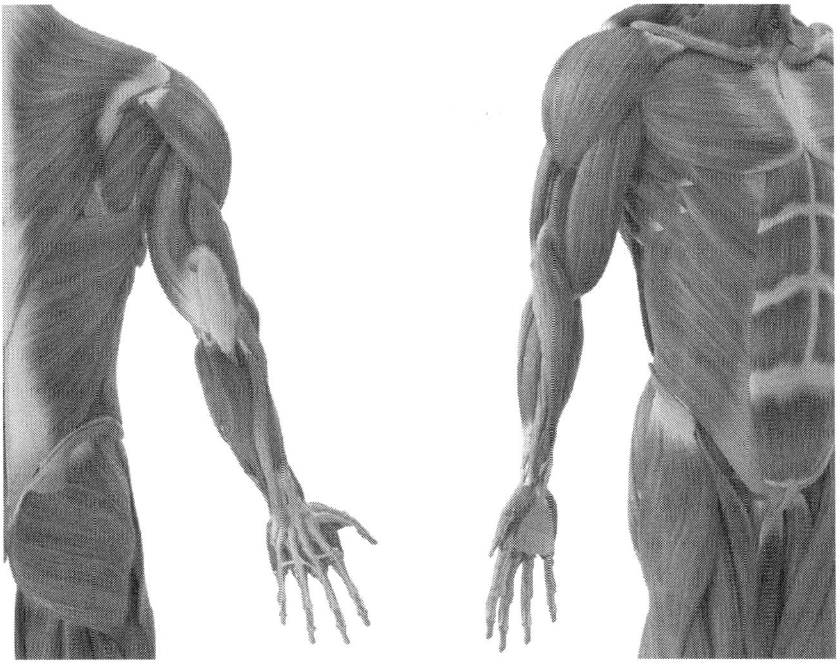

Visualisez chaque muscle de votre épaule et détendez-les.

biceps, triceps, et les doigts. Passez du temps en particulier sur l'articulation du coude et du poignet. Prenez du temps pour laisser descendre vos articulations dans le sol.

Cet exercice vous permettra peut-être de vous rendre compte de certains déséquilibres musculaires. Cependant, pas d'inquiétude, nous en avons tous. Toutes les pratiques sportives, et surtout les pratiques martiales, peuvent créer des traumas ou des déséquilibres musculaires ou articulaires. La plupart du temps, ils sont corrigibles facilement, mais pour cela il faut d'abord pouvoir les identifier clairement. Cet exercice pourra vous y aider.

Une fois votre travail sur les épaules effectué, vous allez descendre le long de la colonne vertébrale, vertèbre par vertèbre, lentement, en effectuant toujours le même exercice.

3 – Dos, Région Lombaire et abdos

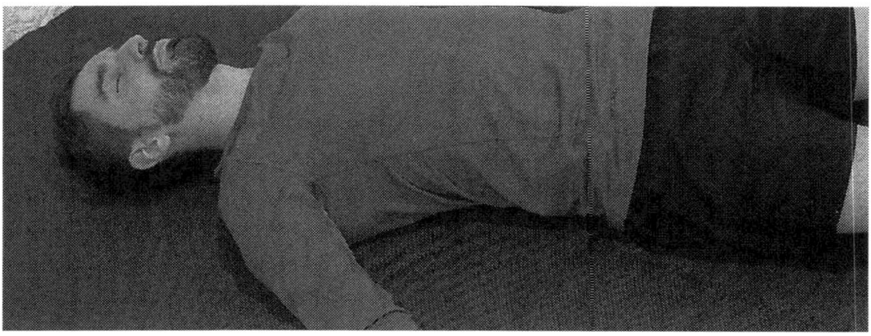

Chez la plupart des gens les lombaires ne sont pas en contact avec le sol pendant cet exercice, et c'est tout à fait normal. Vous pouvez cependant travailler à relâcher le maximum de tensions, en laissant les lombaires se poser doucement vers le sol. Ne cherchez pas à forcer vos lombaires à toucher le sol.

Relâchez le ventre et les abdos, et une fois que vous pensez les avoir relâché, relâchez-les encore. La ceinture abdominale, comme le dos, est composé de plusieurs couches musculaires profondes. Ces muscles sont extrêmement puissants, et participent au maintien de notre posture, entre autres. Ils peuvent rester en tension pendant des mois voire des années. C'est une des raisons qui mène aux douleurs chroniques du dos.

La région lombaire est composée de couches profondes, qui sont peut-être sous tension chez vous. Nous travaillerons cette région du corps plus en détail dans la partie consacrée à l'enracinement.

Prenez simplement conscience de votre colonne vertébrale et enracinez chaque vertèbre dans le sol doucement.

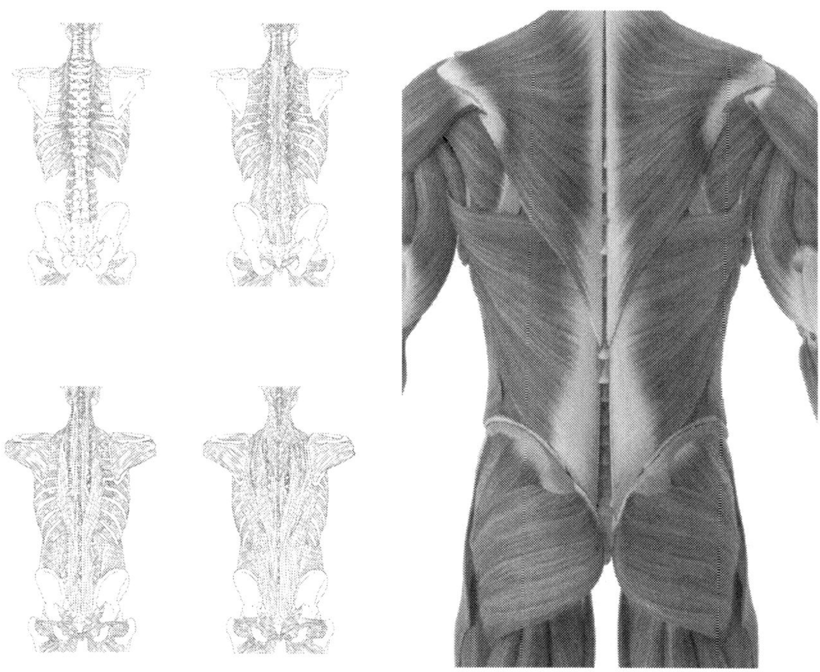

Visualisez les différentes couches des muscles du dos pour les détendre.

4 – Hanches et Bassin

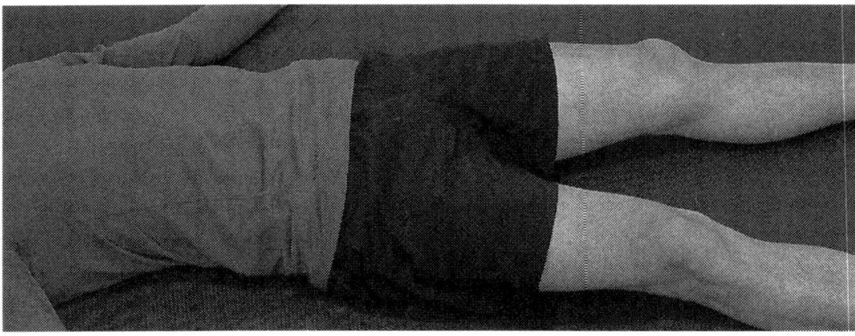

Toujours le même processus : relâchez le bassin au maximum, essayez de l'alourdir et de l'enraciner dans le sol. De nombreux muscles entrent en compte ici aussi. Commencez par relaxer les muscles fessiers, et de la même façon que pour les épaules, vérifiez que la sensation du côté gauche est la même du côté droit.

Travaillez ensuite à relâcher la zone antérieure du bassin en ouvrant le bassin, en relâchant les muscles qui s'insèrent depuis la cuisse jusque dans le bassin. Essayez de ressentir et de détendre la zone du Psoas. Vous pourrez sentir les lombaires et les cuisses se détendre.

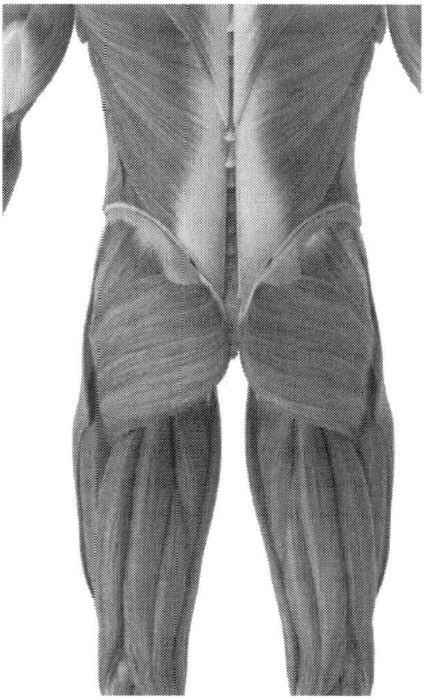

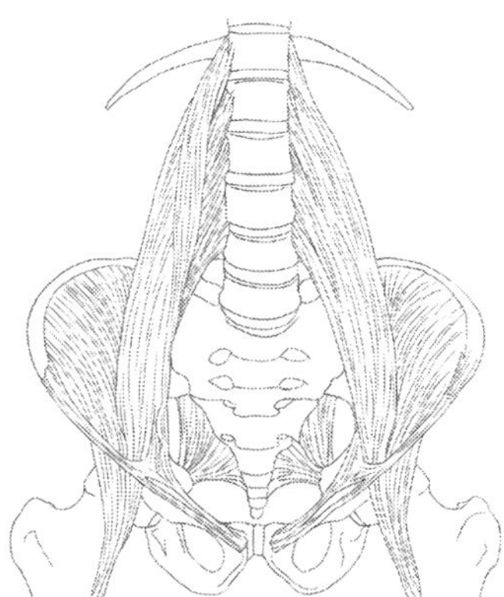

Visualisez les couches externes et internes de la région du bassin.
Ici le muscle du Psoas.

5 – Jambes, genoux et pieds

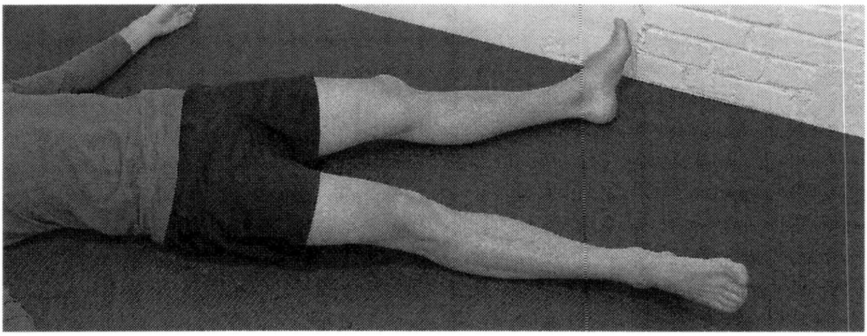

Relâchez les jambes dans leur totalité, toujours en descendant votre conscience le long de votre corps. Passez plus de temps sur les articulations des genoux et des chevilles. Vous constaterez certainement que vos pieds se tournent vers l'extérieur. C'est bon signe, c'est que le bas de votre corps commence à se détendre.

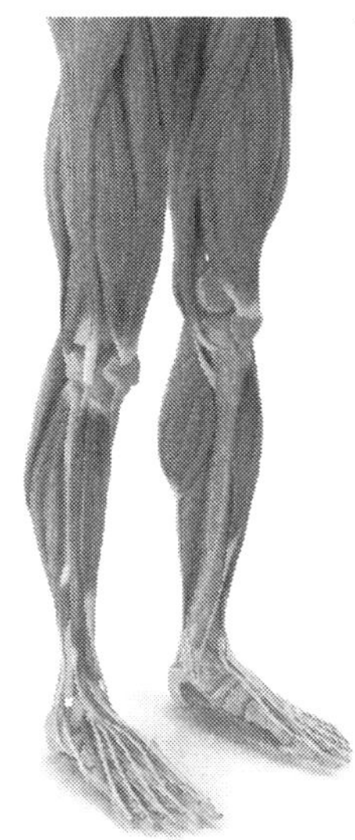

6 – Vérification globale de l'état de corps

Une fois que vous avec parcouru tout votre corps, essayez de ressentir **si le niveau de relaxation dans votre corps est unifié ou s'il reste encore quelques zones de tensions**. Dans ce cas, repassez dessus, et détendez les en y mettant de la conscience.

Les premières fois où vous essaierez cet exercice, prenez vraiment le temps de vous connecter à ces sensations de relaxation.

Rappelez-vous : plus de relaxation = plus de pression dans le sol. Le but est d'obtenir un corps unifié grâce à la relaxation.

A la fin de cette étape, vous pourrez constater que votre état de corps est bien différent de votre état de départ. Rappelez-vous de cet état de corps, il représente vos sensations de relaxation de référence. A chaque fois que nous parlerons de relaxation dans ce guide, ce sont à ces sensations que nous ferons référence.

3. Étape 3 – 5 min ou plus si besoin - Étalonnage des sensations de tension

Maintenant que votre corps est entièrement relâché, que vous avez redéfini en vous ces sensations, nous allons redéfinir ce qu'est la tension. L'exercice est très simple.

- Vous êtes complètement relâché.

- Vous allez contracter votre bras droit à 100 % pendant 5 secondes. A*ttention : contractez seulement doigts, main, poignet, muscles de l'avant-bras, biceps, triceps et muscles de l'épaule.*
- Le reste du corps doit rester complètement relâché.
- Changez de partie du corps

C'est toute la difficulté de cet exercice : **apprendre à mettre en tension (à utiliser) une partie isolée de mon corps en gardant le reste relâché**.

Une fois les 5 secondes écoulées, relâchez votre bras et essayez de ramener le plus vite possible votre bras à un état de relaxation totale, en vous servant des sensations de relaxation de l'exercice précédent. Vérifiez si votre niveau de relaxation du bras droit est bien le même que dans le reste de votre corps, et si besoin relaxez-le. Revenez à un corps unifié.

Votre corps doit avoir la sensation d'être unifié.

Vous avez donc contracté votre bras droit, effectuez le même travail pour le bras gauche. Contractez le 5 secondes, en isolant bien les tensions au niveau du bras gauche. Après les 5 secondes, relâchez le bras et unifiez les sensations de relaxation.

Vous pouvez continuer ce travail et varier les consignes. Travaillez avec la jambe gauche, puis droite, puis combinez jambe gauche, bras droit, bas du corps et haut du corps, etc.

Le but de cet exercice est de pouvoir utiliser nos membres avec différents niveaux de tensions et de ne pas avoir un effet « bloc », où tout le corps se retrouve en tension pour un simple mouvement.

Concrètement, dans les arts martiaux et dans mes mouvements, ai-je besoin de mettre tout mon corps en tension pour une simple frappe ?

Pour aller plus loin

- Variez les intensités de tension. Mettez 50 % de tension dans le bras, ou essayez 10 %, 20 %, etc..
- Essayez de travailler sur des zones musculaires moins évidentes que votre bras ou votre jambe. Travaillez les abdos droits et gauches, les muscles du dos, les lombaires, les doigts de pieds. Variez les zones et les profondeurs de travail.
- Variez les moments où vous prenez conscience de vos tensions. Essayez à des moments aléatoires, pour voir comment votre corps réagit.
- Essayez dans les moments stressants de revenir à votre corps et d'évaluer son niveau de tension. Si vous deviez bouger là maintenant, votre corps est-il pleinement disponible ?

N'oubliez pas vos sensations de relaxation, pratiquez ces exercices à chaque fois que vous en ressentez le besoin, à chaque que vous vous sentez perdre vos repères de relaxation et de tension.

Vous pourrez constater que vous arriverez à mieux gérer les tensions physiques, notamment dans vos pratiques sportives, et qu'il sera beaucoup plus facile pour vous de vous détendre.

Vous pourrez également constater qu'il n'est pas si évident de rester proche de la relaxation. **Nous sommes dans une lutte perpétuelle contre la tension**. Nous avons ici travaillé à libérer la tension physique, et finalement, même si cela demande un peu de travail, ce n'est pas si difficile. On peut se demander si la tension est un phénomène uniquement physique. Vous pourrez remarquer que nous sommes beaucoup plus tendus physiquement après une journée stressante, éprouvante mentalement.

Le mental serait-il donc la porte d'entrée de la tension ?

Pour récapituler :

Allongez-vous au sol

Inspirez par le nez, expirez par la bouche

Prenez conscience de votre poids sur le sol articulation par articulation

MÉDITATION

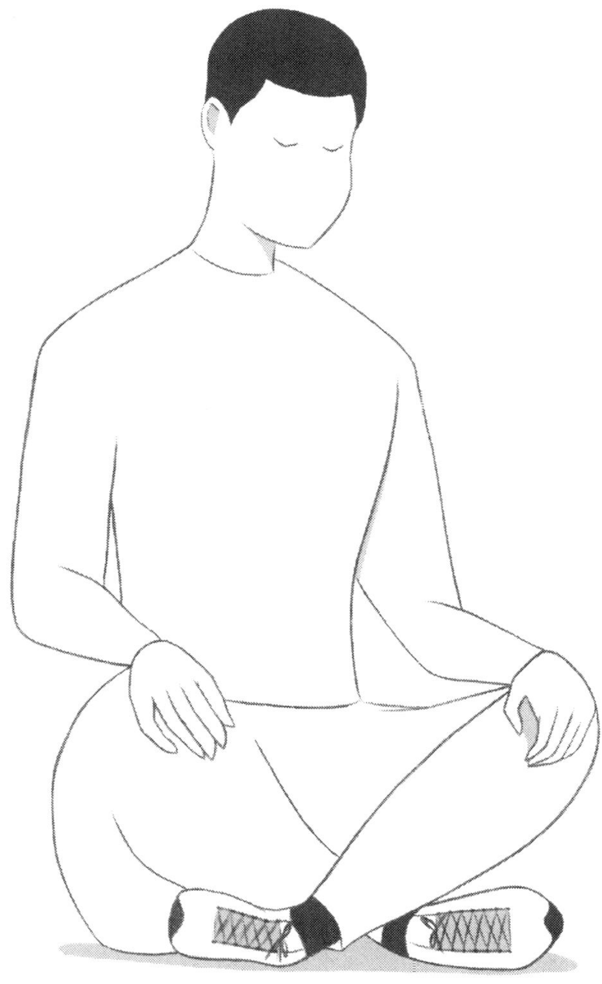

MÉDITER POUR PRÉVENIR L'ARRIVÉE DES TENSIONS

Vous comprenez maintenant que votre corps peut subir la tension. Vous avez renoué avec les sensations de la relaxation. Vous avez donc appris à vous libérer de la tension. Mais cette tension peut revenir régulièrement, et même si la relaxation est efficace pour traiter les tensions du corps, il serait également intéressant de prévenir l'arrivée de ces tensions, pour se faciliter le travail en sorte.

Il est évident que les tensions mentales mènent aux tensions du corps. Évaluez votre niveau de tension physique après une journée très chargée de travail, ou après une altercation au volant avec un autre conducteur par exemple.

Le processus se déroule en général comme ceci :

- Situation
- Je m'énerve (tension mentale)
- Mon corps se tend (tension physique)
- Je continue de ruminer tout au long de ma journée (aucune descente de la charge mentale)
- Mon corps continue de se tendre
- Je m'épuise et tolère de moins en moins de charge mentale.

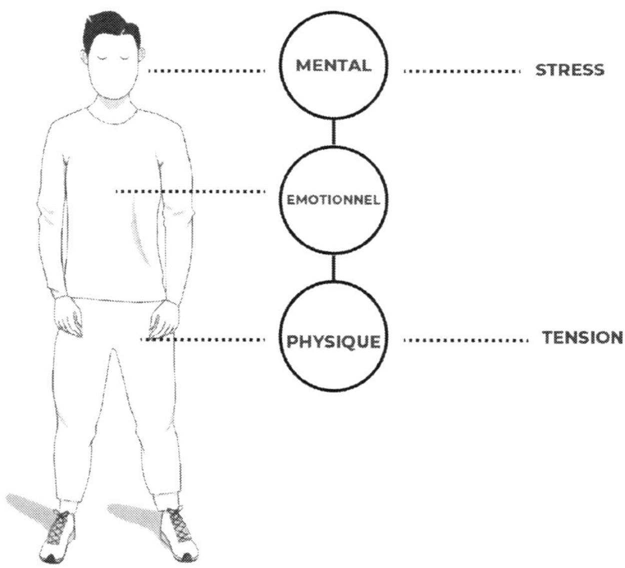

Nous avons donc une hausse de la tension mentale où les pensées et les phrases peuvent devenir incontrôlables, suivie d'une hausse de la tension physique qui est assez difficile à remarquer étant donné que mon mental est déjà très énervé par la situation en elle-même. En général, il faut beaucoup plus de temps pour regagner son calme, mentalement et physiquement, que pour le perdre.

Il peut même arriver que certaines situations nous poursuivent pendant plusieurs jours, occupant toujours nos ressources mentales, ceci entraînant, bien évidemment, un impact sur notre physique. De plus, si nous ne savons pas nous libérer de ces tensions physiques, imaginez leur accumulation possible sur 1 an ? 5 ans ? 10 ans ? Ce processus nous fait entrer dans une sorte de cercle vicieux, dans lequel le corps va se fatiguer, et risque de se blesser à cause des tensions. De plus, l'esprit se retrouvera de plus en plus facilement en tension.

Au chapitre précédent vous avez vu comment vous libérer de ces tensions physiques, comment casser ce cercle vicieux en quelques sortes. Nous allons maintenant découvrir comment limiter l'apparition de ces tensions en utilisant un outil qui est de plus en plus populaire de nos jours : la méditation.

On prête à la méditation de nombreux pouvoirs. Un de ses premiers effets, extrêmement utile au quotidien, est de nous permettre de nous tourner vers l'intérieur, de nous faire prendre conscience de ce qui se passe dans notre esprit, et de pouvoir ainsi l'observer avec du recul.

Il existe de nombreux courants et styles de méditations, chacun utilisant des chemins qui leur sont propres. Certaines méditations sont guidées, d'autres demandent des postures spécifiques, des chants, etc.

Je ne peux que vous conseiller de commencer par les plus simples et les plus faciles à mettre en place. Ne tombez pas dans le piège égotique de méditer « pour obtenir », et méfiez-vous des promesses de pouvoirs de certains courants de méditation.

Au cours de mes rencontres dans le milieu martial, j'ai pu rencontrer plusieurs personnes qui prétendaient méditer pour voyager, s'évader, etc.. La méditation peut vous faire découvrir des choses exceptionnelles sur vous-même, mais ne doit en aucun cas vous détourner de qui vous êtes. Vous débutez la méditation pour prendre du recul sur ce qui se passe en vous. Vous ne méditez pas pour vous éloigner de la réalité, ou de qui vous êtes. Beaucoup de ces personnes espèrent trouver des pouvoirs, mais côtoient parfois dangereusement la folie.

Nous pouvons par exemple méditer sur notre stress. Nous allons ainsi apprendre à ne plus « être dans » le stress, mais à prendre de la distance, à se rendre compte que cette problématique qui me paraissait énorme quand je la vivais de l'intérieur, ne l'est finalement pas tant que ça. « Mon stress » devient « le stress » puis « un stress » puis « un truc qui m'embête de moins en moins ». Méditer permet d'aller voir en profondeur ce qui se passe à l'intérieur, pour nous permettre de nous ouvrir plus facilement, sans peurs, vers l'extérieur.

La méditation que nous verrons est une méditation basique, simple, sans risques, que vous pourrez pratiquer bien sur pendant des temps de méditation, mais également aussi au quotidien, lors de « méditations spontanées ».

La méditation comment ça marche ?

Asseyez-vous confortablement. Il n'y a aucune obligation de posture dans la méditation. Vous pouvez méditer en étant assis dans un fauteuil, une chaise, ou assis par terre en tailleur. Vous pouvez appuyer votre dos contre un mur ou un dossier. Vous n'êtes pas obligé de croiser les jambes, et vous n'avez pas de geste particulier à faire.

Rappelez-vous qu'avant qu'il soit connu, même Bouddha recevait toutes sortes de moqueries sur sa posture quand il s'asseyait contre son arbre pour méditer.

Asseyez-vous, fermez les yeux, et détendez-vous en respirant calmement. C'est tout.

Comme la méditation a un fort pouvoir relaxant et qu'on risque de s'endormir, on évite de s'allonger pour méditer. On évite aussi de se mettre debout pour méditer, puisque le corps sera en tension. On évite enfin de méditer au volant ou lorsqu'on a besoin de toute sa concentration, puisqu'en méditation nos sens observent davantage ce qui se passe à l'intérieur de nous-même que ce qui nous entoure.

On entend aussi que l'on peut utiliser de la musique pour méditer. Dans les premiers mois, je recommanderais de ne pas utiliser de musique particulière, pour que votre esprit ne se détourne pas du travail à faire et reste concentré.

Que se passe-t-il pendant la méditation ?

On entend souvent que l'on « cherche à vider son esprit » en méditant. C'est à la fois vrai et faux. Disons que dans un premier temps, on va faire un peu le tri de ce qui se passe dans notre esprit.

Prenons un exemple : le soir, vous allez vous coucher. Vous vous sentez fatigué, et au moment de fermer les yeux, il vous est impossible de trouver le sommeil. Vous vous tournez, vous retournez dans votre lit, puis vous vous demandez quelle heure est-il. Puis vous commencez à calculer le nombre d'heures de sommeil dont vous pourrez profiter si vous vous endormez maintenant. Puis vous imaginez la tête que vous aurez demain au boulot, puis vous vous énervez, vous vous demandez ce que vous avez fait, ou consommé dans la journée qui vous maintient éveillé de la sorte, etc..

Dans cet exemple, le mental est rempli de questions, de doutes, d'angoisses, et profite de ce moment de calme pour tout ressortir et vous empêcher de dormir.

Ce phénomène ressemble beaucoup à ce qui se passe lorsqu'on commence la méditation. Donc, au lieu d'attendre le soir au moment du coucher, nous allons prendre un instant pour faire nous-même ce travail.

Si vous prenez l'habitude de prendre un temps dans votre journée pour traiter toutes ces questions qui emplissent votre esprit, vous constaterez que vous serez beaucoup moins perturbé le soir pour trouver le sommeil.

Lorsque vous vous asseyez au calme, que vous fermez les yeux et que vous vous détendez, vous allez petit à petit vous retrouver dans un état proche du sommeil. Le corps sera détendu, et l'esprit commencera à se calmer. Quand l'esprit est calme, il sera plus facile pour vous d'en voir les pics, de voir ce qui l'empêche de rester calme. Comme pour l'exercice de relaxation précédent, l'exercice de la méditation va vous créer une sensation de référence pour le calme de votre esprit.

Vous saurez alors détecter quand votre esprit se tend, et pour quelle raison.

Pendant que vous méditez, il est essentiel que vous n'ayez pas d'attentes. Ne méditez pas dans un but, ou pour obtenir quelque chose. Méditez pour laisser venir à vous. Plus vous arriverez à vous détendre, à ne pas créer d'interférences, plus vous verrez ce qui se passe dans votre esprit.

Une pensée va venir à vous. Observez-la, acceptez-la et laissez-la partir.

C'est comme si dans votre bureau vous aviez des dossiers partout, ouverts, en désordre, qui viennent vous hanter parce que vous n'êtes pas sûr de leur avancement. Prenez le premier dossier qui vient, la première pensée qui se présente, ouvrez-le, lisez-le, et reposez-le. C'est tout. Vous faites un point sur vos dossiers en cours. Vous réaliserez que certains dossiers ne sont pas si importants, ne sont pas si compliqués, ou que vous ne pouvez pas agir dessus pour le moment. Vous prenez un moment pour remettre de l'ordre dans votre bureau, dans vos pensées.

Tout ce qui vous traverse l'esprit pendant votre temps de méditation doit être traité de la même façon.

Prenons quelques exemples.

Vous êtes assis, vous fermez les yeux, et respirez calmement.

Au bout de quelques minutes, une pensée vous vient. « Je m'ennuie ».

Première possibilité : Vous vous laissez « contaminer » entièrement par cette pensée. Cette pensée devient sensation, tout votre être s'ennuie, votre corps commence à avoir envie de bouger, d'ouvrir les yeux. Votre mental enchaine les pensées : « Ça fait combien de temps ? » « Ça sert à rien » « Je pourrais faire autre chose ». Votre mental s'emballe, le problème commence à devenir la méditation en elle-même, et la solution serait de s'arrêter de méditer. Vous ouvrez les yeux et partez faire autre chose. Vous êtes tombé dans le piège de votre pensée. Cette pensée a petit à petit pris le dessus sur votre mental, vos émotions et votre corps, puisque vous vous êtes même levé et avez changé d'activité.

Deuxième possibilité : Vous observez la pensée. « Je m'ennuie ». Observez-la et acceptez-la. Dites-vous « ok je m'ennuie ». Et continuez de méditer. Vous constaterez que la pensée partira d'elle-même au bout d'un moment. Cette pensée n'a pas pris le dessus.

Après tout, si vous avez décidé de méditer, ce n'est pas une petite pensée qui va vous faire changer d'avis, non ?

Dans le deuxième cas, vous constaterez que rien n'a changé, que ce qui se passe dans votre esprit, mentalement donc, n'a pas influencé vos actions. Vous avez vu ce qui se passait, vous l'avez compris, vous vous ennuyez, mais ça ne change pas le cours de votre action. C'est une clé extrêmement importante à comprendre et à mettre en œuvre dans sa vie, **car elle pose la question de l'influence de nos pensées sur nos actions, ou bien l'on pourrait dire du mental sur le physique**. Tout ce qui vous passe par la tête n'est pas forcément bénéfique pour vous, pour vos émotions ou pour votre corps. Ici, vous savez que la méditation peut vous aider, et pourtant, vous avez une pensée qui vous pousse à faire autre chose. Apprendre à avoir un peu de distance peut aider votre volonté à ne pas vaciller.

Si vous voulez que votre corps se détende, il va falloir que vous détendiez à la fois le corps et l'esprit, et surtout que vous le fassiez en conscience. Dans cet exemple, si vous vous ennuyez, le réflexe serait de vous en détourner, de camoufler cet ennui en allumant la télévision ou en vous divertissant. Il est assez rare d'accepter cette pensée et de l'explorer. Il faut bien réaliser que si vous camouflez cette pensée, que vous la cachez, que vous vous en détournez, elle reviendra un jour ou l'autre. Si vous avez peur de vous ennuyer, vous ne pouvez pas cacher cette peur avec du divertissement. Vous devez au minimum accepter cette peur, l'explorer, afin que vous évoluiez et que vous en ayez de moins en moins peur. C'est ce processus de clarté qui vous fera évoluer et non pas l'illusion du divertissement. L'illusion soulage la peur sur le moment, mais elle rendra la peur de plus en plus violente, et l'illusion devra elle aussi, de ce fait, se renforcer. Il est beaucoup plus simple de se pencher sur ces pensées qui nous effraient dès le départ.

J'ai rencontré beaucoup de combattants très forts physiquement, mais qui se retrouvaient complètement angoissés pendant la méditation, ou même parfois juste pendant la relaxation. On peut se demander si parfois la force physique ne serait pas une illusion pour camoufler des faiblesses mentales ou émotionnelles.

Lors de vos méditations, vous pourrez constater que si vous acceptez ces pensées, elles partiront, et d'autres pensées prendront leur place. C'est ce qu'on appelle commencer à « descendre en profondeur ».

En effet, au début, on peut avoir des pensées relativement basiques comme « je m'ennuie », « j'ai mal au pied », etc... Une fois que vous les avez acceptées, d'autres pensées, peut-être plus intimes, plus personnelles, viendront à vous. Si on reprend l'exemple de l'ennui, ça peut être « Pourquoi je m'ennuie ? » « Pourquoi je ne peux pas juste me poser 10 minutes pour méditer ? ».

Et à leurs tours ces pensées mèneront également à d'autres pensées, de plus en plus profondes.

Méditer de cette façon peut vous apporter beaucoup de réponses sur vous-mêmes, ainsi que sur votre fonctionnement mental, émotionnel et même physique. Plus vous descendrez profondément, plus il vous sera facile de vous faire « attraper » par vos pensées. Ceci est tout à fait normal. Cependant, revenez toujours à l'acceptation et laissez partir ces pensées. Vous remarquerez que je ne parle jamais de « lutter » contre ses pensées. Lutter contre ses pensées ne vous apportera que tensions mentales et physiques. On ne peut pas lutter contre ses pensées, c'est un combat qu'on ne gagnera pas. Il faut les transformer, les accepter et les laisser repartir. Les pensées font partie de nous, il faut les laisser circuler, mais pas les bloquer, les repousser ou s'identifier à elles.

Revenir au présent.

Un des dangers lorsque l'on débute la méditation est d'oublier le présent. C'est très facile de se perdre lorsqu'on commence à visiter ses pensées. La pensée « je m'ennuie », est ici à l'instant présent, mais plus vous descendrez profondément, plus certaines de vos pensées risquent d'être des regrets ou des angoisses, des évènements passés, ou futurs. Lorsque vous descendrez profondément en méditation, vous constaterez que les pensées qui vous viennent parleront de moins en moins du physique et se rapprocheront de plus en plus de vos émotions.

Et c'est précisément pour cela que l'on s'y perd ! Les émotions peuvent nous connecter à certains évènements de notre passé, et bien que le même processus d'acceptation s'applique ici, il ne faut pas oublier que ce travail sert au présent. Si vous sentez que vous vous perdez dans des pensées trop lointaines, concernant le passé, remontez à la surface, reconnectez-vous à votre corps, à vos sensations présentes.

Le même processus s'applique si vous vous voyez dériver dans des anticipations mentales quant aux jours prochains, dans des interprétations, des scénarios, etc... Revenez au présent, repartez de vos sensations physiques, puis redescendez en méditation.

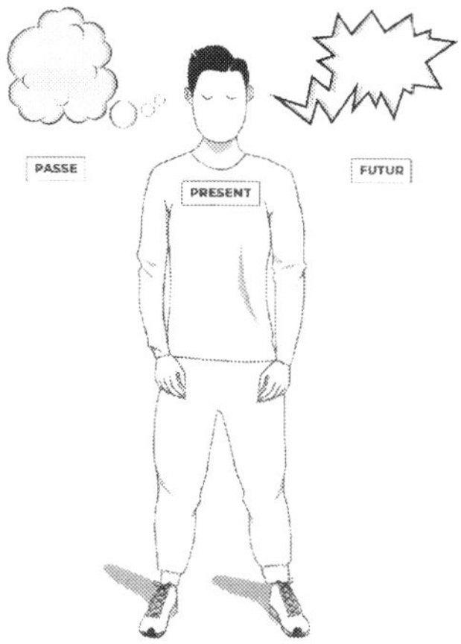

Un bon moyen de remonter à la surface est de vous concentrer sur l'écoute de votre respiration. Écoutez le son de l'air entrer et sortir de vos narines, sans forcer, pour revenir au présent avec les leçons que vous aurez tirées du passé.

A quoi sert la méditation concrètement ?

Au départ la méditation est très égotique : on la pratique pour soi, pour mieux dormir, gagner en énergie, pour ne pas surcharger votre esprit en pensées peu utiles, et apprendre que **vous pouvez être en paix sans lutte**, simplement en acceptant et en prenant un peu de recul. Vous pouvez aussi en apprendre beaucoup sur vous, en considérant ces pensées comme des messages, ou des avertissements.

Un esprit surchargé vous stresse, le stress vous tend, la tension épuise votre corps.

Si je reprends l'exemple de l'ennui, constater que vous vous ennuyez très vite vous permet d'en prendre conscience au quotidien. Le message ici serait « attention à votre réaction face à l'ennui ».

En comprenant tout ce qui se passe dans votre esprit, vous pourrez aussi comprendre ce qui se passe chez l'autre, chez votre ami, votre conjoint ou votre collègue. Vous ne pourrez pas dire précisément ce qui se passe, mais vous pourrez comprendre que comme vous, il subit l'influence de ses pensées, mais que contrairement à vous, il n'a pas les outils pour s'en libérer. Vous pourrez analyser les choses avec un certain recul.

Vous comprendrez également qu'il n'a pas à subir l'influence de **VOS** pensées, mais que vos pensées peuvent se retrouver confinées chez vous. Lorsque vous subissez l'influence de vos pensées, sans aucun contrôle, votre mental stresse, déborde, et ce stress et ces pensées finissent toujours par être reçues dans un autre réceptacle. Qu'on le veuille ou non, nos pensées peuvent contaminer les autres. **La méditation permet aussi de récupérer le contrôle sur ce qui peut « déborder » de votre esprit**. Par la suite, vous pourrez aussi méditer sur ce qui vous rend heureux et en paix bien sûr, et peut être transmettre cela également plus naturellement.

Combien de temps méditer ?

Tant que vous arrivez à respecter ce processus, vous pouvez méditer le temps que vous voulez. Démarrez par des petites sessions de 15-20 minutes. Si vous pratiquez tous les jours, vous en constaterez les effets rapidement. Avec l'habitude, vous descendrez plus facilement profondément en méditation, et vous ne verrez plus le temps passer. Ces temps de méditations deviendront une habitude, et les leçons qui vous en tirerez influenceront votre quotidien.

Pour aller plus loin

Laissez-vous pendant votre journée des temps de méditation très courts, spontanés, et observez les pensées qui vous viennent. C'est ainsi que petit à petit, la paix de l'esprit ne se cantonnera plus aux temps de pratique de la méditation mais à votre vie de tous les jours.

Dans les cours en ligne de DK Yoo, vous pouvez retrouver d'autres types de méditations, qui lui viennent de ses maîtres en Inde. Retrouvez-les sur son site dkwcs.com

Pour récapituler :

Asseyez-vous au calme

Inspirez par le nez, expirez par la nez

Quand une pensée se présente,
acceptez-la et laissez la repartir

ENRACINEMENT

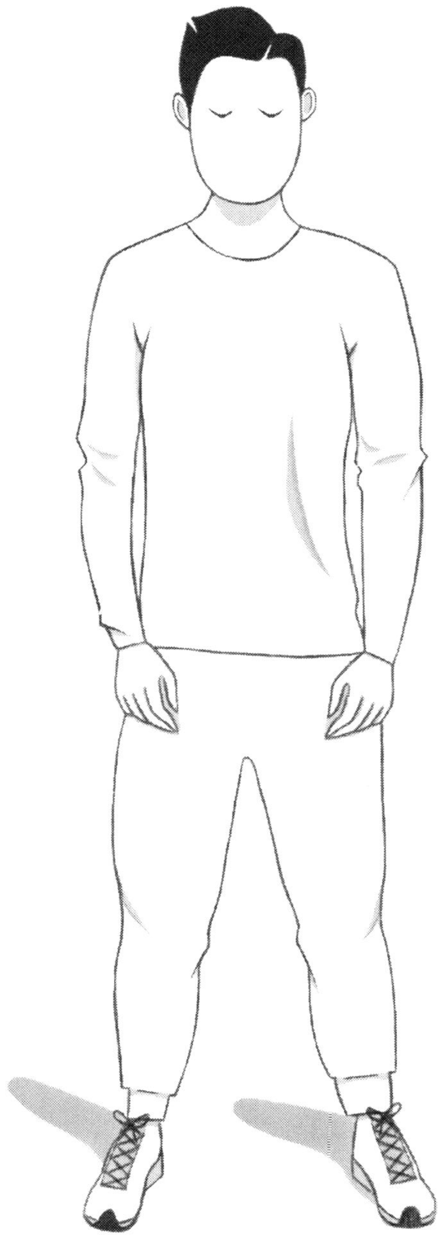

UTILISER LA GRAVITE POUR RENFORCER LE CORPS EN PROFONDEUR

Nous allons maintenant travailler l'enracinement à travers la posture DK Chamjang Gong. Travailler cette posture de façon quotidienne nous permettra de renouer avec une compétence oubliée dans les arts martiaux, appelée l'enracinement. La relaxation nous permet de connaître notre état de corps relâché de référence, la méditation notre état mental relâché de référence, et l'enracinement doit lui aussi devenir une sensation de référence.

Comment ça marche ?

Qu'est ce qui rend un arbre si difficile à abattre ? Ses racines. Si l'arbre n'avait pas de racines, une simple poussée du vent le ferait tomber. L'enracinement, c'est donc la capacité à rediriger toutes les forces que je subis vers mes racines. Pour un arbre, cela reste facile, car il peut faire pousser ses racines dans le sol. Mais pour nous ?

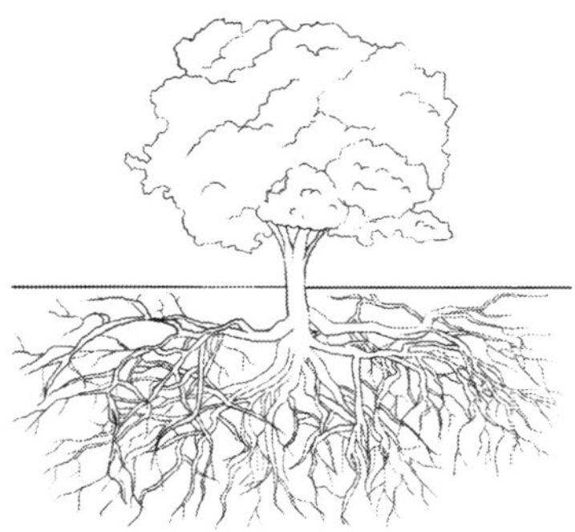

Nos pieds sont nos racines. Ici commence tout le travail d'enracinement. Prenons un exemple.

Trouver ses racines : Conscience du pied

Dans cet exemple, je pousse Swann. Il arrive à tenir sa position. Plusieurs paramètres entrent en compte. Si son corps est trop relâché, il va se retrouver poussé en arrière. Si son corps est trop tendu, il va devenir raide comme un bâton et sera très facile à pousser d'un bloc. Comme un roseau qui plie sous le vent mais ne casse pas, il reste enraciné.

Swann tient sa position

Swann est trop relaché,
il est emporté

Swann est trop tendu,
son corps se soulève

Le premier paramètre à prendre en compte est la qualité des appuis, ce qu'il se passe sous les pieds. Imaginez reproduire le même exercice sur de la glace, ou s'il était uniquement sur la pointe des pieds ? Il serait quasiment impossible de maintenir la position. Avant de regarder ce qui se passe dans le corps, observons ce qui se passe sous nos pieds.

Notre corps est en permanence connecté au sol. La plupart du temps je n'en suis pas conscient. Je ne sais donc pas comment me servir du sol. Si quelqu'un me pousse comme dans l'exemple, je vais soit mettre mon corps en tension, soit en relaxation, en fonction de l'action que je veux effectuer.

Comment alors trouver la tension juste, pour simplement maintenir ma position ? Et bien en se servant de nos sensations sous nos pieds, en se servant de nos racines. Vous vous souvenez des sensations de poids pendant l'exercice de relaxation ? On relâchait nos tensions de corps et on prenait conscience de la pression sur le sol, de la sensation de poids. On se connectait avec le sol. Pour développer nos racines, nous devons appliquer le même processus.

Comme nous sommes debout, la zone qui concentrera toute la pression sur le sol sera le dessous du pied. Si je suis en pleine conscience de la pression que j'ai sous les pieds, je suis en train de m'enraciner.

Si vous souhaitez tester ce que nous venons de voir ici, vous pouvez le travailler en poussant dans vos appuis, plutôt qu'en forçant uniquement avec le corps. Abandonnez toute tension du haut du corps, et commencez à pousser depuis le sol, avec le minimum de tension et d'énergie nécessaire. Essayez de ressentir la poussée de votre partenaire dans vos pieds.

La tension juste vient du sol. Ce n'est plus moi qui ordonne à mon corps de se mettre en tension, c'est la tension optimale qui jaillit à partir du sol.

Bien que cela soit un processus très simple, c'est en même temps loin d'être évident pour tout le monde.

Exercice de conscience

Mettez-vous debout, et penchez-vous légèrement vers l'arrière jusqu'à ce que vos orteils quittent le sol. Vous sentez que vous avez ainsi de la pression sur les talons. Faites l'inverse maintenant : penchez-vous légèrement vers l'avant, et sentez la pression sur la pointe de vos pieds. Ressentez cette pression.

Revenez ensuite à une posture normale. Votre enracinement, en réalité, c'est cette pression que vous ressentez sous vos pieds. Ressentez cette sensation sous tout le pied. Voici la base de Dk Chamjang Gong.

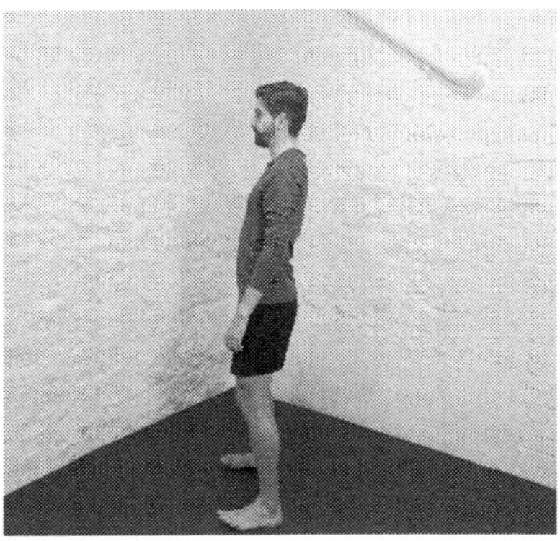

Penchez-vous en arrière, sentez la pression sous vos talons

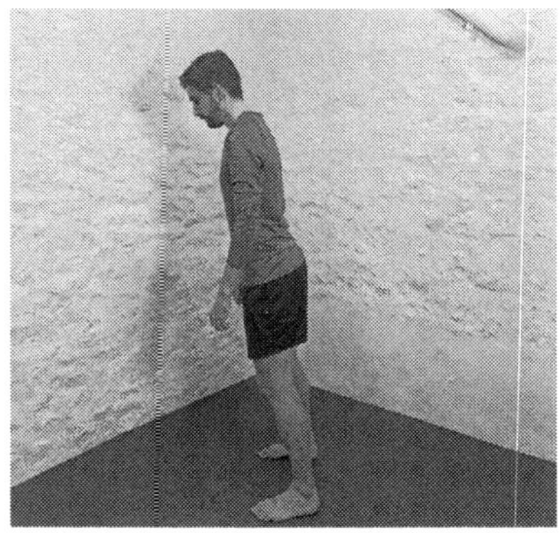

Penchez-vous en avant, sentez la pression sous vos doigts de pieds

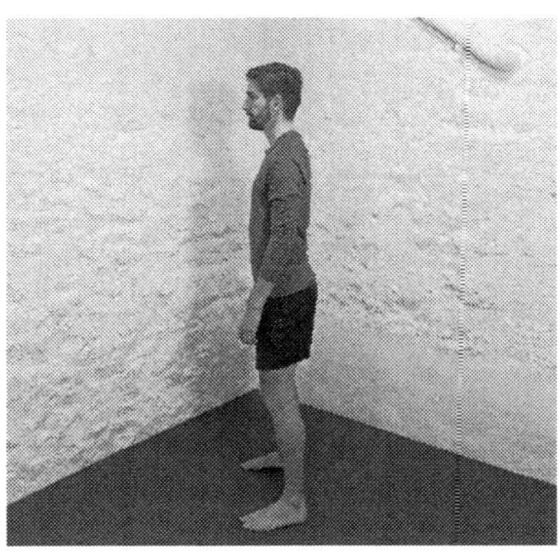

Sentez cette pression sous tout le pied

Le chemin de l'énergie

Un boxeur frappe contre un élément lourd. Imaginons ici que son sac de frappe est fixe et ne bouge pas à l'impact. On peut donc analyser deux chemins de l'énergie cinétique, ou énergie du mouvement. Le boxeur envoie sa frappe et crée une énergie potentielle grâce à son mouvement, en utilisant sa contraction musculaire et sa mobilité articulaire.

En fonction de son entraînement et de son état de corps (tendu ou davantage relâché), l'énergie aura un point de départ différent. Elle peut avoir pour point de départ le bassin, ou les épaules, mais vous aurez compris qu'en WCS nous essayons de prendre pour point de départ le sol. Si l'énergie du boxeur se crée uniquement au niveau de l'épaule, il pourra ajouter de la force en utilisant son coude et son poignet, ou bien en ajoutant sa masse, en basculant le corps lors de sa frappe. Néanmoins, le corps va « suivre » la frappe, et risque de se déséquilibrer. Le boxeur devra alors se « rééquilibrer » avant sa frappe suivante, perdant ainsi une énergie et un temps précieux.

L'énergie du boxeur se crée sans enracinement, et la rend difficile à contrôler

Un sportif enraciné, qui est conscient de sa connexion au sol, aura un point de création d'énergie plus proche du sol. Cela lui permettra d'utiliser la globalité de son corps et de ses articulations. La frappe ne « partira » plus de l'épaule, mais de la cheville, du genou, du bassin, du dos, de l'épaule, du coude, et du poignet. On pourra ainsi obtenir un effet cumulatif de l'énergie cinétique, et un équilibre logique et naturel. Le sportif va pouvoir ainsi doser efficacement la quantité d'énergie qu'il développe dans son mouvement, gagner en explosivité, ou utiliser des mouvements moins visibles.

L'énergie du boxeur se crée avec enracinement, et se cumule articulation après articulation

Un sportif dont l'état de corps est « tendu » aura moins de mobilité articulaire, moins de potentiel d'explosivité du muscle, et l'énergie qu'il va générer sera limitée à la mobilité d'une ou deux articulations. Dans le cas du boxeur tendu, il utilisera uniquement l'épaule et aura beaucoup de difficultés à mobiliser naturellement d'autres parties du corps pendant sa frappe.

Un sportif dont l'état de corps est relâché sera plus naturellement enraciné, et pourra profiter de sa connexion avec le sol. On constate cela chez les boxeurs d'expérience, plus relax, plus rapides, plus puissants. Ils savent doser les moments de tension et de relaxation, car ils les sentent physiquement.

Cette façon de travailler se développe très rapidement avec l'exercice appelé Chisao, et qui constitue une excellente base de travail pour les artistes martiaux. Nous nous pencherons sur cet exercice dans la partie dédiée à la mobilité.

Nous avons ici décrit le chemin de l'énergie générée par le pratiquant. Observons maintenant le chemin qu'emprunte l'énergie au moment de l'impact.

Retour de l'énergie vers le sol

En effet, 100 % de l'énergie du pratiquant n'est pas déversée dans sa cible. Si vous avez déjà travaillé sur un sac de frappe lourd, vous avez peut-être pu constater que vos frappes ne parvenaient pas à le faire bouger. Peut-être vous êtes-vous déjà blessé au coude ou au poignet pour cette raison. C'est parce que vous envoyez une force de poussée sur le sac, mais que ce sac résiste à cette force, en général parce qu'il est plus lourd que vous. Cette énergie, à laquelle le sac résiste, va donc chercher le chemin le plus direct possible pour se rediriger dans le sol. Une partie de cette énergie va alors revenir dans le corps du pratiquant, et en règle générale s'accumuler dans les articulations qui sont en tension (épaules, lombaires).

Chaque articulation manquant de mobilité agira de la même façon, en emmagasinant l'énergie de retour plutôt qu'en la transférant vers le sol. C'est pour cela que les exercices de relaxation et de mobilité sont essentiels à la bonne circulation des énergies cinétiques dans le corps.

Un boxeur « tendu » va recevoir les forces dans son articulation, alors qu'un boxeur relâché et enraciné pourra rediriger plus facilement les forces vers le sol. Petit à petit, le pratiquant pourra apprendre à rediriger l'énergie de retour de force vers le sol. Il protégera ses articulations, subira moins de déperditions d'énergie dans ses tensions, et gagnera en puissance et en accélération.

ENRACINEMENT + MASSE + PUISSANCE = Puissance unifiée

Chez le boxeur en tension, l'énergie de retour ne repart efficacement pas dans le sol, et reste dans le corps

Le dos – le tremplin de l'énergie

L'articulation la plus importante pour ce transfert d'énergie sera aussi la plus grande de notre corps : la colonne vertébrale. De la même façon qu'une épaule ou un poignet, la colonne vertébrale sert aussi de passerelle pour l'énergie cinétique, du sol au poing, puis du poing au sol. Une colonne rigide et en manque de mobilité empêchera un transfert efficace de l'énergie, et va emmagasiner les retours de force plutôt que de les rediriger vers le sol. Une colonne vertébrale qui manque de mobilité empêchera aussi la bonne transmission de l'énergie du sol, vers ma cible.

Une colonne vertébrale mobile est primordiale pour avoir une pleine compréhension des mouvements énergétiques dans son corps. Travailler DKCJG et l'enracinement constitue pour cela la meilleure méthode.

Après plusieurs mois de pratique, vos articulations et votre dos pourront même « stocker » l'énergie qui monte du sol, pendant un cours instant, puis la relâcher, comme un élastique. C'est le travail de l'explosivité, que nous appelons GCP en WCS. Vous retrouverez cela à la fin de ce manuel.

Rester conscient de son enracinement

S'enraciner aura non seulement un effet sur le corps, mais va également servir de « lest » de bouée à mon mental et à mes émotions.

Nous avons vu jusqu'à présent que le corps était le réceptacle final des tensions. En prenant conscience de cela grâce à la relaxation, nous avons pu découvrir que beaucoup de ces tensions apparaissaient déjà dans l'esprit avant de finir dans le corps. La méditation permet d'éviter à ces tensions de prendre trop de pouvoir et de « s'imperméabiliser » pour éviter que ces tensions ne pénètrent dans l'esprit.

Malheureusement, quand des situations stressantes se présentent à moi, je n'ai pas toujours le luxe de pouvoir me garder un temps de relaxation ou de méditation, mais j'ai quand même besoin de savoir clairement et rapidement si je suis en train d'être pris par la tension, ou si j'arrive à garder un état de corps relâché. L'enracinement peut également servir à cela. C'est très simple : si je sens mon enracinement, si j'ai conscience de cette pression sous mes pieds, cela signifie que je suis conscient de mon corps, de son poids, de sa connexion au sol, du moment présent. Je suis enraciné dans le moment présent.

Quand je ne suis pas conscient de mon enracinement, de la pression de mes pieds sur le sol, cela veut dire que ma conscience est ailleurs. Elle est peut-être dans mon mental, en train d'imaginer le futur ou le passé, de penser au travail, ou de commencer à stresser sur autre chose. Ma conscience n'est pas dans mon corps, elle s'évade. Si vous faites partie de « ceux qui pensent trop », faites cet exercice de temps en temps, et demandez-vous où est votre conscience à cet instant.

ENRACINEMENT =
CONSCIENCE DU CORPS AU PRESENT

Pour améliorer votre enracinement, il va falloir l'entraîner. Pour l'entraîner, le plus simple est d'en prendre conscience autant de fois que possible dans votre quotidien, vos entraînements, etc...

Etre conscient de ses pieds fonctionne aussi à l'entraînement. Plutôt que de réfléchir à votre stratégie, à être trop mental pendant que vous devez agir, mettez de la conscience dans vos pieds, enracinez-vous, et vous verrez que vos mouvements s'amélioreront, vos réflexes aussi.

DK Chamjang Gong – De l'extérieur vers l'intérieur

Le meilleur moyen de développer sa capacité d'enracinement reste la pratique quotidienne de Dk Chamjang Gong. C'est une posture connue depuis des siècles sous divers noms, comme posture de l'arbre, zhan zhuang, dans les arts martiaux traditionnels. Elle est au cœur de pratiques telles que le Taichi ou le Qi gong. De nos jours cette posture est surtout vénérée pour ses vertus sur la santé. Mais, même si cette posture a des bienfaits sur la santé, elle est avant tout une pratique qui va reconnecter le corps à un potentiel bien plus grand ! Enraciner le corps dans le sol va lui permettre de développer souplesse, vitesse, puissance et réflexes, des compétences utiles pour le sport et les arts martiaux plus dynamiques !

Pendant la relaxation, vous avez pu ressentir que le corps ne se libérait pas instantanément de ses tensions, que la relaxation était graduelle, évoluant couche après couche. C'est tout à fait normal, puisque c'est comme ça que le corps est bâti. Pendant la relaxation, on peut dire que l'on va de « l'externe » vers « l'interne », des couches superficielles vers les couches plus profondes. Au début on relâche les gros muscles, puis pour s'enfoncer dans le sol de plus en plus on essaye de détendre les profondeurs du corps.

De l'extérieur vers l'intérieur, nous allons donc nous intéresser aux muscles superficiels – muscles profonds – Tendons et ligaments – système osseux – système nerveux et découvrir comment l'enracinement au travers de la posture de Dk Chamjang Gong influe sur ces systèmes.

DK ChamJang Gong

La posture se présente comme ceci.

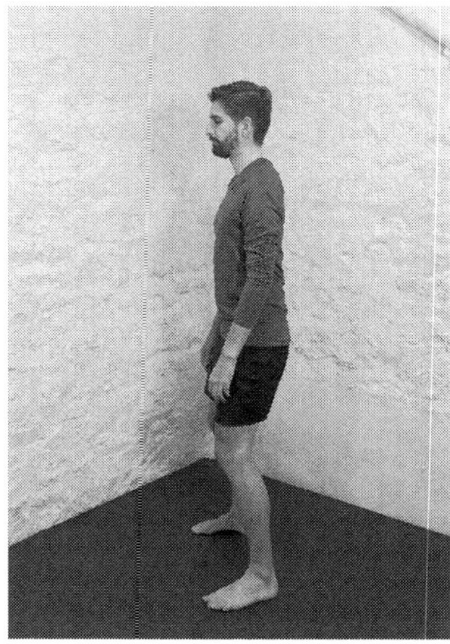

Pendant l'exercice de relaxation nous avons travaillé à relâcher le corps pour sentir plus de pression dans le sol. **Allongés, nous avions tout le corps en contact avec le sol pour nous renvoyer ces informations de pression. Debout en Dk Chamjang Gong, le seul point de contact avec le sol sera nos pieds. Toutes les informations du sol passeront par nos pieds.** C'est pourquoi j'insiste autant sur l'importance de prendre conscience de cette connexion entre les pieds et le sol.

Nous sommes donc debout, et toujours de la même façon, si je veux plus de pression, de poids, d'enracinement sous mes pieds, je vais devoir me relâcher. Mais se relâcher en étant debout n'est pas si facile ! C'est aussi pour cela que j'insiste sur la maitrise de la relaxation avant de pratiquer DKCJG. En effet, cela peut paraître paradoxal qu'on me demande d'être relâché tout en étant actif, debout !

Rappelez-vous l'exercice où vous tendiez le bras à 100 % tout en gardant le reste du corps relâché. Rappelez-vous qu'il est possible de travailler à la fois en tension et en relaxation dans notre corps. Tout est une question de profondeur dans cette posture. Si vous vous mettez en posture et que vous considérez votre corps comme un seul bloc, d'une seule couche, effectivement cela sera difficile d'être à la fois debout et relâché.

Mais si vous considérez le corps sous forme de couches qui se superposent, on peut alors dire dans cette posture que votre corps profond, vos couches profondes, se mettent en tension, et que vos couches externes, superficielles, peuvent rester détendues. En effet, nous voulons utiliser le minimum de tensions possibles pour cette posture. De cette façon, je peux détendre les couches qui ne servent pas à cet instant.

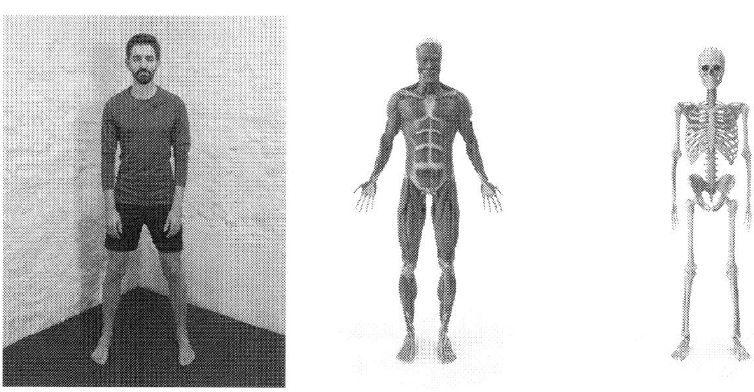

Utilisez DKCJG pour aller au plus profond de votre corps

Comme nous pratiquons une posture, les muscles les plus actifs devraient être les muscles dits « posturaux », qui permettent le maintien de cette posture. Ces muscles posturaux sont cachés au plus profond du corps, au plus près du système osseux, pour justement accomplir leur mission de stabilisation de façon plus directe. Or, chez quelqu'un qui n'a jamais appris à considérer son corps sous formes de couches plus ou moins en tension, on constate que pour une action simple, comme ici se tenir debout, de grands groupes musculaires vont être utilisés, alors qu'il pourrait simplement faire appel à ces muscles posturaux, profonds. **La pratique régulière de DKCJG permettra de récupérer le contrôle de la tonicité de ces muscles.**

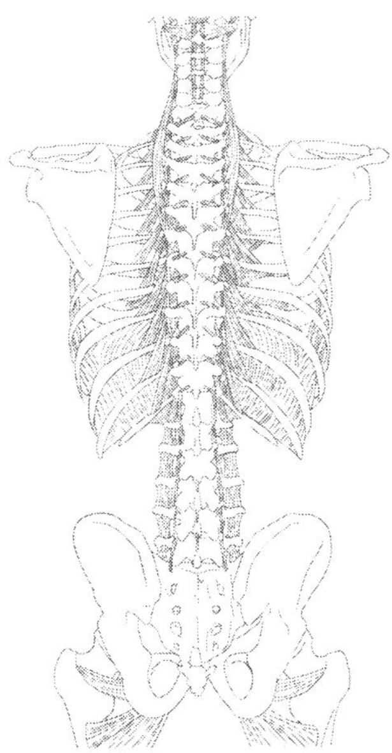

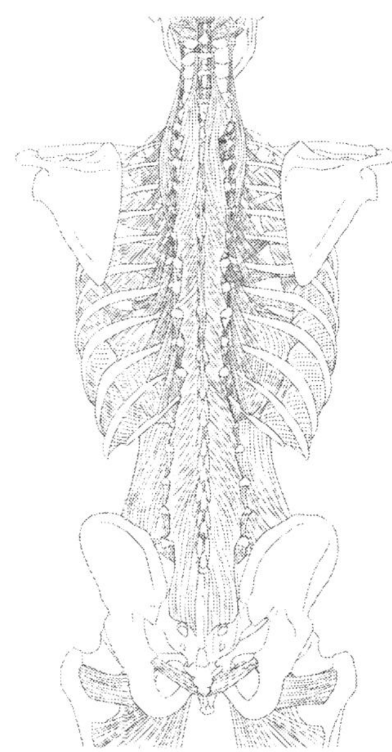

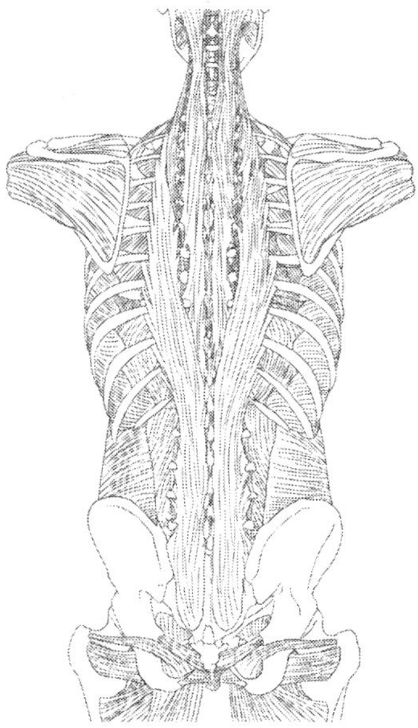

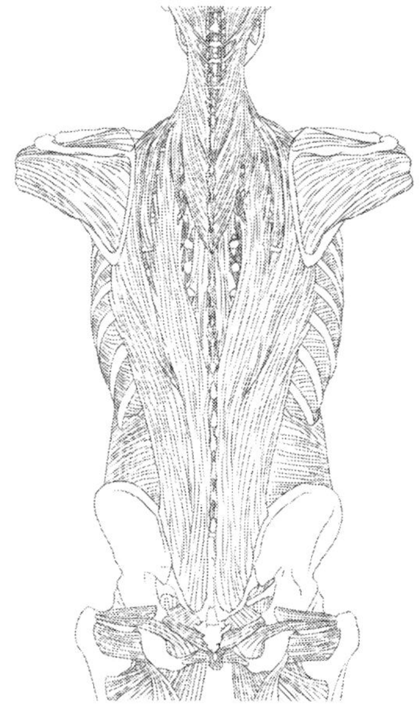

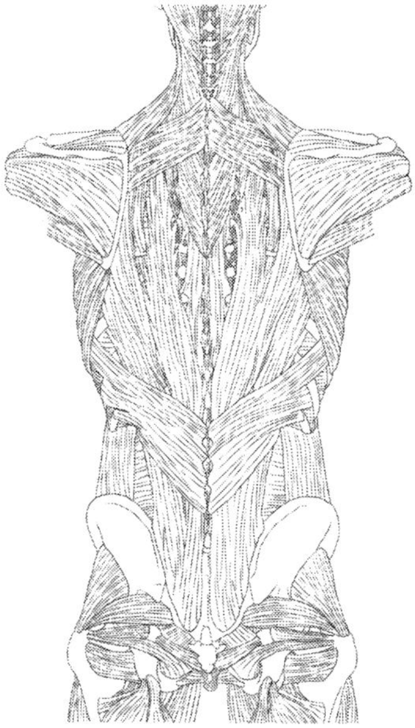

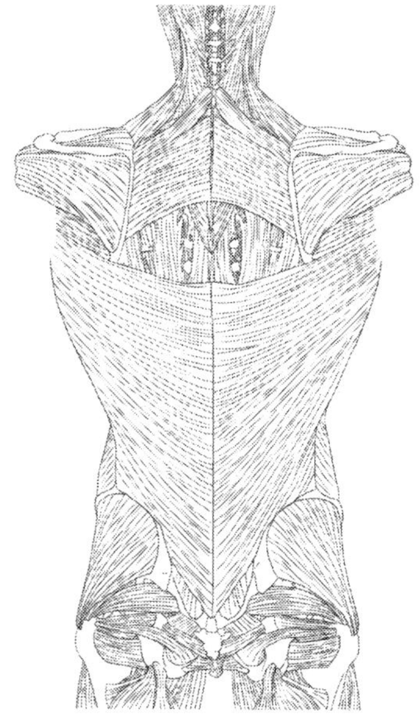

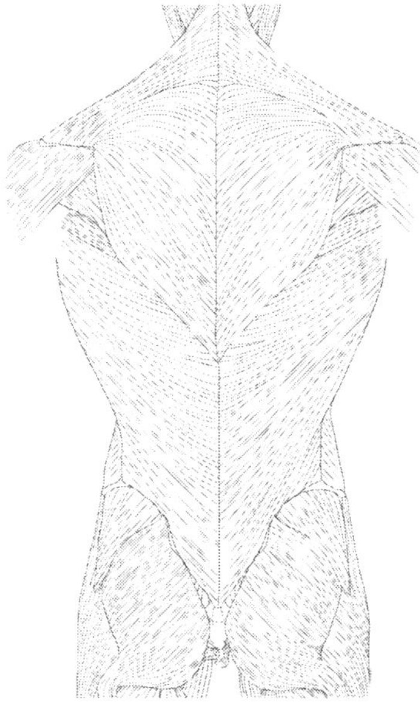

Lorsque je me tiens debout, en conscience dans mes pieds, et que je commence à chercher mes sensations de relaxation, je commence aussi à laisser mon corps entier être attiré par la gravité. Et au fur et à mesure que mes tensions externes se libèrent, mon équilibre va aussi subir des petites variations, d'avant en arrière, de gauche à droite. C'est le même processus qui s'appliquait lors de la relaxation. Notez aussi que le temps est un facteur important. Ce processus n'est pas instantané, et demandera plusieurs minutes. Quand on commence ce travail, on ne se libère pas des tensions instantanément.

Quand vous commencerez à travailler cette posture, vous sentirez d'abord les tensions externes se libérer, puis souvent les épaules et les cuisses qui commenceront à tirer, puis petit à petit les couches et les muscles plus profonds se libéreront aussi.

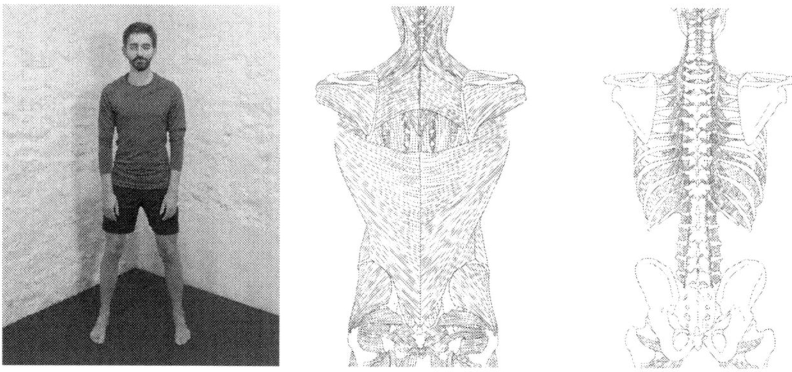

Le temps et la gravité m'aident à accéder à des couches plus profondes. De la peau aux fascias.

Prenons l'exemple de l'épaule et du bras. La gravité agit de haut en bas, et tire votre bras vers le sol. Naturellement, au quotidien, nous empêchons cette action de la gravité en contractant nos trapèzes et autres muscles de l'épaule. On oppose donc un effet contraire à la gravité. Mais en DKCJG, après plusieurs minutes, votre épaule ne pourra plus « lutter » contre la gravité, libérera ses tensions et laissera le bras se soumettre. Il faut voir cela comme un genre d'étirement doux !

Cet effet contraire des forces est un aspect important de cette posture. Après quelques mois de pratique, vous pourrez sentir la structure profonde du corps (les os, les articulations, les muscles profonds) pousser vers le haut, et la structure externe du corps (les muscles superficiels) se détendre et être attirée par la gravité.

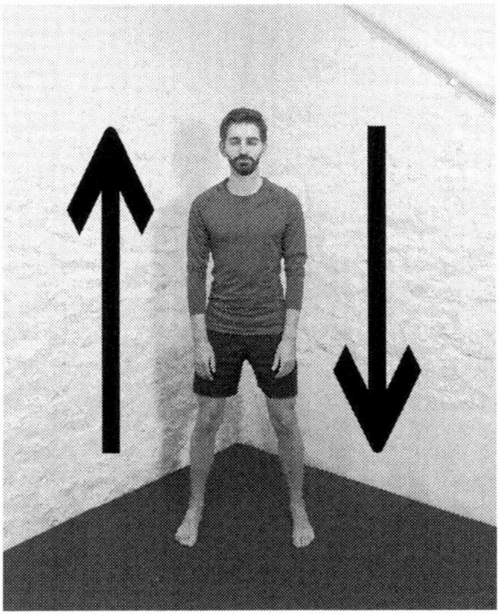

Ma structure profonde repousse le sol (antigravité) pendant que la gravité attire les couches superficielles vers le sol

Les premiers jours de pratique feront travailler en priorité ces muscles externes qui refusent le plus de s'abandonner à l'action de la gravité, ce qui peut rendre la posture difficile à tenir plus de quelques minutes. Les trapèzes, les cuisses, les triceps, et bien sur le dos, donneront l'impression de fatiguer. N'oubliez pas qu'ils sont simplement en train de se détendre.

Après quelques jours, vous sentirez des muscles plus profonds travailler, jusqu'au niveau des articulations.

Un muscle se renforce en se contractant et en se décontractant. Dans le sport, un exercice isométrique se dit d'un exercice physique qui demande une contraction statique. Souvent, cette contraction est à la fois volontaire et involontaire. Dans l'exemple d'un exercice de gainage basique, on va demander au pratiquant de contracter les abdominaux en plus de maintenir sa posture, pour obtenir des résultats plus rapidement sur la zone abdominale.

On obtient donc un travail global du corps, avec une intensité plus prononcée sur la zone abdominale. On pourrait dire que le corps entier est en tension, avec encore plus de tension sur la région abdominale. Par exemple, un exercice de gainage de 2 minutes travaillera plus les muscles profonds qu'un exercice d'abdominaux basique de type « crunch ».

Lorsque l'on se tient en DK CJG pendant 10 minutes, à la différence d'un exercice classique d'isométrie, **nous allons ici nous efforcer de libérer le maximum de tensions**, et laisser notre corps travailler seul. On ne contracte rien dans le corps de manière volontaire, on laisse la gravité agir. Notre seule action consciente sera de simplement contrer les effets de la gravité en ayant conscience de nos pieds sur le sol.

Bien sûr, nous allons garder un minimum de tension et de tonus musculaire pour nous tenir debout, mais nous allons apprendre petit à petit à nous libérer des tensions superflues.

Vous comprenez ici que la capacité d'une personne à unifier son corps à un niveau profond ne dépend pas uniquement de sa quantité d'entraînement, mais également de sa gestion de la relaxation dans différentes couches du corps pendant un exercice.

Sensations pendant DKCJG

Avec le temps, j'ai pu constater que la plupart des personnes débutant la pratique de DKCJG avaient du mal à relâcher leurs épaules, la zone lombaire du dos, et le haut des cuisses.

Muscle tendu -> manque de mobilité –> raideur articulaire –> blessure

Si vous constatez pendant votre pratique un manque de mobilité, un muscle qui fatigue trop vite par rapport au reste du corps, c'est peut-être qu'il est en « surtension ». Il est tendu constamment et votre action lui demande un effort supplémentaire. Un muscle tendu est un muscle affaibli. Le muscle se fige, car il sait qu'il est trop affaibli pour effectuer l'action demandée. Il préfère se figer et limiter le mouvement, et demander aux autres muscles et articulations de récupérer une partie de son travail. Quand on va relâcher ce muscle par la pratique de DKCJG ou de la relaxation, il faut penser qu'il aura besoin d'un temps de rééducation. Bien souvent, la zone qui va travailler le plus en DKCJG est la région lombaire. Ceci n'est pas sans raison.

Votre dos est l'autoroute de votre corps, et la région lombaire est un vrai point de croisement de tous les transferts d'énergie de votre corps. **Chaque action de votre corps passe par la colonne vertébrale et les muscles qui l'entourent**. Si votre colonne vertébrale est comprimée, tendue, immobile, région lombaire comprise, votre mouvement se retrouvera isolé. Si les muscles de la région lombaire sont en surtension, en sur-utilisation, ils manqueront de vie et de mobilité, ils s'affaibliront et finiront par se figer. Cette zone ne transmet plus l'énergie, la route est « coupée ». Au lieu de parcourir tout le corps, la charge de l'action se retrouvera isolée sur une ou plusieurs articulations. Si vous effectuez une action avec une seule articulation au lieu d'utiliser tout le corps, la qualité du mouvement se retrouvera dégradée, et si on garde cette mauvaise habitude, on peut vite dégrader l'articulation elle-même.

Une colonne affaiblie crée une zone majeure qui ne transfère plus l'énergie depuis le sol, ou vers le sol.

Dans le cas du boxeur, l'énergie ne pourra plus circuler dans tout le corps naturellement, et il se retrouvera donc obligé de compenser avec ses autres articulations, et un corps désuni, engendrant problèmes d'équilibre, de vitesse, et de puissance. Il compensera alors en essayant de créer de l'énergie cinétique avec un travail supplémentaire des épaules (trapèzes en surtension), des cuisses, ou du dos, menant à des tensions qui se révéleront lors de la pratique de DKCJG.

La relaxation seule n'est pas efficace pour réunifier le corps dans l'action. Pour pouvoir l'utiliser de façon unifiée il va falloir le rééduquer. C'est pour cette raison que la base de DKCJG est la conscience dans les pieds. Quand j'appuie dans le sol, je pousse ma structure profonde, j'améliore l'action de la gravité, et je mets en lumière les zones de mon corps qui ont

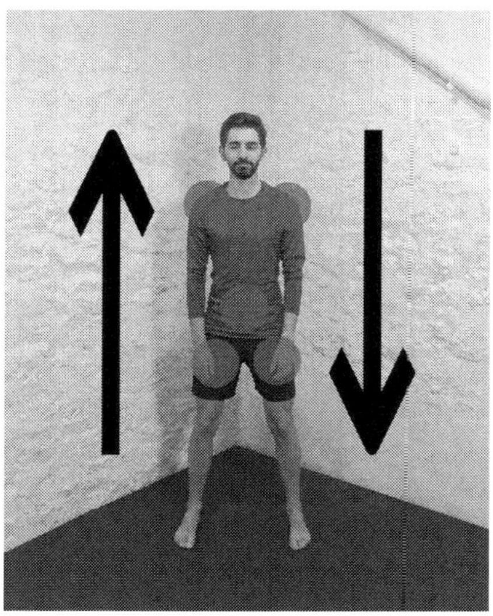

J'utilise cet effet contraire pour mettre en lumière les zones tendues ou affaiblies.

besoin de relaxation et de renforcement, en particulier autour de la colonne vertébrale. Je détends ces zones, et les muscle de façon automatique.

Vous pouvez évidemment effectuer un travail de rééducation musculaire sur ces zones affaiblies. Je conseillerais toutefois de privilégier le travail sur la récupération de la mobilité complète, même superficielle, de la colonne vertébrale et de ses muscles. Une fois la colonne vertébrale réunifiée avec le reste du corps, vous pourrez constater une souplesse globale des muscles du dos, et du corps en général. Les muscles vont pouvoir s'étirer, laisser plus de place aux vertèbres et aux nerfs, laissant plus d'informations circuler dans le système nerveux.

La bonne maitrise de votre dos vous permettra de récupérer une mobilité conséquente des épaules et du bassin. Une bonne mobilité des épaules vous permettra d'utiliser tout leur potentiel musculaire et donc de transférer plus efficacement l'énergie. Idem pour le bassin, qui, n'étant plus limité par les tensions lombaires, pourra librement s'adapter aux changements d'équilibre et transférer efficacement la puissance montant du sol. Vous pouvez ensuite utiliser cette mobilité « nouvelle » dans votre quotidien, ce qui aura pour effet de renforcer votre corps de façon unifiée, globale.

DKCJG de bas en haut

Observons maintenant DKCJG en commençant par les pieds. Notez que nous allons ici nous pencher sur les détails, pour vous permettre de vous corriger plus rapidement.
Vous pouvez vous corriger par vous-même de façon quasi-automatique en revenant constamment sur les 3 points suivants : conscience sous les pieds, relaxation et auto-étirement de la colonne.

1- Les Pieds

La conscience de vos pieds est essentielle pour votre enracinement et la qualité de votre équilibre et de vos mouvements. On pense souvent à entrainer nos appuis, mais rarement à la qualité de nos appuis. Pourtant, essayez de pratiquer votre sport préféré sur un sol gelé, ou un sol très mou, et vous constaterez à quel point vos mouvements sont imprécis, moins rapides, moins puissants. C'est parce que votre corps est déjà trop occupé à vous équilibrer dans l'espace pour s'occuper de vos mouvements. Si vous travaillez la qualité de vos appuis, grâce notamment à l'enracinement, vous constaterez une évolution constante de la qualité de vos mouvements, et même sur un sol instable.

Les pieds sont parallèles, et précisément posés sur la même ligne. Un pied ne dépasse pas l'autre. Le poids est réparti à 50/50 entre le pied gauche et le pied droit, et aussi 50/50 entre l'avant du pied, à savoir sa pointe, et l'arrière du pied, à savoir le talon. Rappelez-vous que pendant les premiers mois de pratique, les muscles posturaux sont encore en train de se détendre et peuvent faire varier ces sensations. Si vous sentez par exemple que vous êtes à 90 % sur l'arrière de votre pied, c'est peut-être dû à un changement subtil et profond de votre posture, rectifiez donc cela.

Penchons-nous un instant sur votre voûte plantaire : la voûte plantaire forme naturellement une arche qui vient contrer et répartir la force de la gravité et le poids du corps entre le talon et les orteils. Son rôle est exactement le même que celui de la voûte d'une église. Il arrive souvent que lorsque qu'on pratique DKCJG on se laisse attirer par la gravité, au point de perdre le tonus, et donc l'efficacité de cette voûte plantaire. C'est le signe que le corps commence à se relâcher en profondeur. Cependant, il faut également garder à l'esprit que la finalité de cette posture est d'apprendre à mieux utiliser notre corps. Il faut donc garder du tonus dans le corps, et avant tout dans cette arche, qui doit pouvoir continuer son travail de répartition des forces. Ce qui nous empêche généralement de garder cette arche active est **le manque d'activation des orteils**. Cette arche ne part pas du talon pour s'arrêter au métatarse, mais s'étend bien jusqu'aux orteils, qui comportent un bon nombre de muscles et d'articulations qui vont aider à soutenir cette arche. Si vous n'activez pas les orteils dans la posture, vous n'entraînez pas ces muscles, et vous vous privez d'une grande partie de votre équilibre. Ces extrémités sont comme des antennes qui transmettent des infos sur votre équilibre, comme le fait tout votre pied.

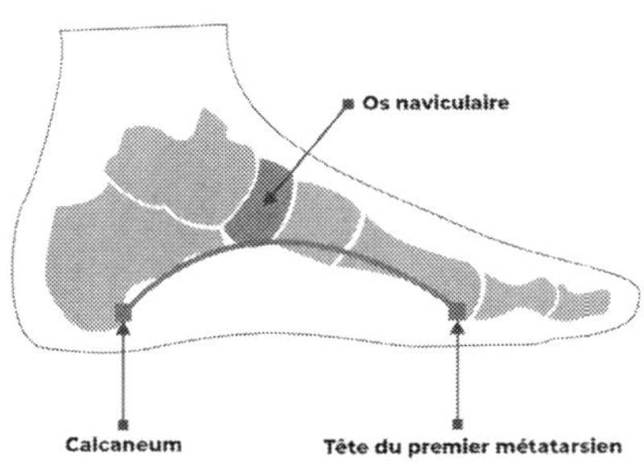

Pour activer ces orteils, nul besoin de forcer avec eux dans le sol, il suffit de les poser, et d'appuyer très légèrement, d'être conscient de cette arche, et de sentir la continuité de la voûte plantaire dans vos orteils. Je décrirai également dans la partie mobilité un exercice de marche consciente qui permettra de les « rééduquer ».

Chaque articulation du corps va être influencée et renforcée par la pratique de DKCJG. Au début, le corps est comme un bloc épais, et le travail sera principalement ressenti au niveau musculaire. Petit à petit, en allant de plus en plus profondément, on pourra atteindre l'articulation, le tendon, le ligament.

2- Les Chevilles

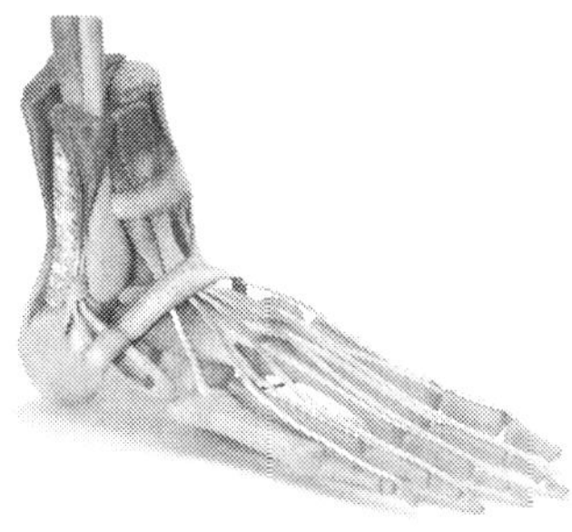

Notez que l'articulation de votre cheville est comme toutes vos articulations, entourée et protégée par des petits muscles, des tendons, des ligaments, des fascias. Vous ne pouvez pas de façon consciente activer ces tissus pour les renforcer, mais en pratiquant suffisamment DKCJG, en prenant l'habitude d'utiliser les couches toujours plus profondes du corps, et de relaxer les couches superficielles, vous commencerez à les atteindre, à les solliciter et donc à les renforcer. Avec le temps, l'articulation de la cheville se renforce et se protège des blessures.

Plus vous libérerez les tensions du corps, plus vous ajouterez du poids sur vos articulations, ce qui entraîne donc l'activation de vos articulations et leur renforcement.

3- Les Genoux

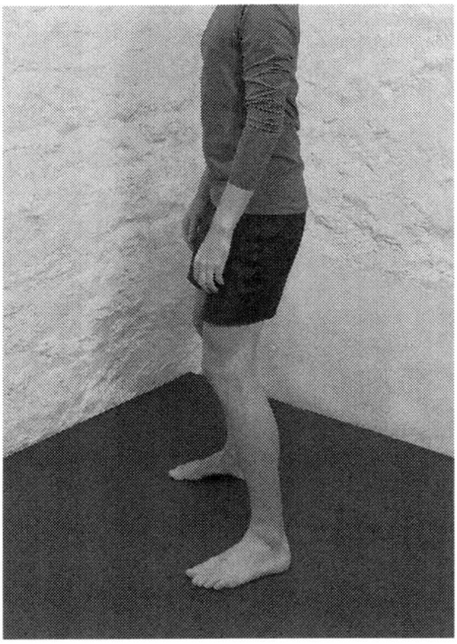

Position correcte - Genoux débloqués

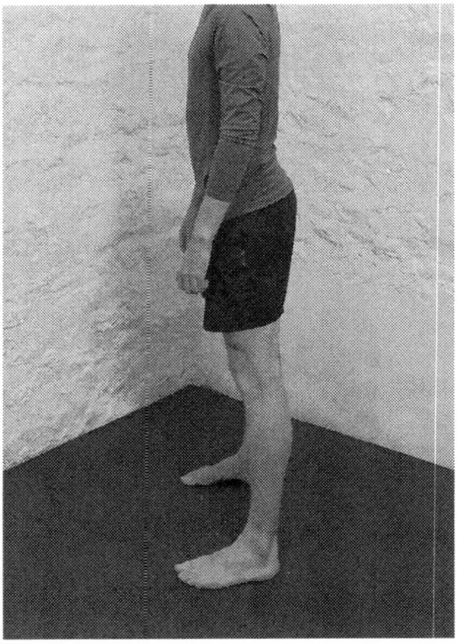

Position incorrecte - Genoux tendus

Les genoux sont ici débloqués, c'est à dire qu'ils sont légèrement pliés, sans que cela ne devienne inconfortable. Cette légère flexion des genoux permet d'accentuer le travail sur la région lombaire. Si vos cuisses brûlent, c'est que vous êtes trop bas. On disait dans certains arts martiaux que l'on devait plier les genoux comme si on allait s'asseoir sur une chaise. C'est faux. Débloquez simplement vos genoux.

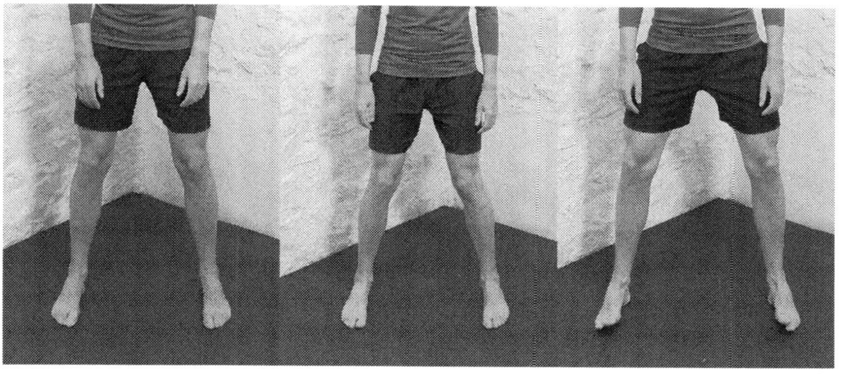

Alignement correct	*Genoux vers l'intérieur "valgus" - mène à un affaissement de la voûte plantaire*	*Genoux vers l'extérieur "varus" - mène à diverses tensions lombaires, bassin*

En pratiquant, prenez soin de garder votre articulation correctement alignée avec le reste de vos membres. Si vous constatez que votre genou quitte trop l'axe fémur-tibia vers l'intérieur, cela indique généralement que votre posture est « affaissée » et que vous n'êtes pas assez actif dans la posture. Vous êtes écrasé par la gravité. Vous risquez également de perdre l'arche de la voûte plantaire sous votre pied. Votre corps se ferme comme un C. Redressez-vous, appuyez dans le sol, ré-alignez vos pieds et vos genoux.

4- Ajuster son bassin

Position correcte - Bassin basculé en rétroversion

Position incorrecte - Bassin en antéversion (accentuation de la cambrure)

A présent vous allez pouvoir travailler la rétroversion de votre bassin. Vous allez basculer la tête de la hanche vers l'arrière dans le but **d'annuler la cambrure de vos lombaires**.

Cependant, comme nous l'avons vu, cette zone du corps concentre énormément de tensions profondes. Il vous est peut-être impossible de faire ce mouvement sans déstructurer le reste du corps. Dans ce cas, n'essayez donc pas de forcer la rétroversion du bassin en « poussant » les fesses ou en contractant les abdos. La pratique quotidienne de la posture, en essayant de mobiliser légèrement son bassin, suffira à libérer les tensions des lombaires et à récupérer de la mobilité au niveau du bassin. En moyenne, chez une personne modérément sportive, une dizaine de jours permettent de récupérer un début de mobilité.

Bien que ce travail du bassin soit essentiel pour améliorer son enracinement, il vaut mieux le travailler sans se presser. La rétroversion du bassin va nous permettre, quand elle est correctement effectuée, d'étirer la colonne vertébrale, de la faire passer d'une position cambrée à une position droite, empilée. Essayez de basculer légèrement votre bassin vers l'arrière, en utilisant le moins possible de contraction musculaire.

5- Auto-étirement de la colonne vertébrale

Les prérequis pour l'auto-étirement de la colonne vertébrale sont d'avoir récupéré suffisamment de mobilité du bassin, et d'être toujours dans la conscience de vos pieds pour effectuer un travail sur un axe longitudinal, de bas en haut, contraire à celui de la gravité.

Nous avons établi que si mon niveau de relaxation était suffisant, la gravité pouvait atteindre les couches musculaires plus profonde et les attirer vers le sol. Ma structure osseuse, elle, pousse forcément dans un sens anti-gravité, luttant forcément contre elle. En schématisant, on a donc un effet contraire dans le corps, avec les muscles qui sont attirés vers le sol et les os qui repoussent le sol.

Mais tout n'est pas si parfait. En effet, notre colonne vertébrale est naturellement cambrée, entourée et protégée par des muscles profonds qui accumulent beaucoup de tensions. Pour libérer ces tensions, et ainsi récupérer ma pleine mobilité profonde, je n'ai pas d'autre choix que de me servir de cet effet contraire des forces dans le corps. Mais pour que l'effet de la gravité fonctionne à 100 % sur les muscles de mon dos, je dois d'abord l'aligner, le mettre droit, pour que la gravité agisse efficacement sur les muscles qui l'entourent.

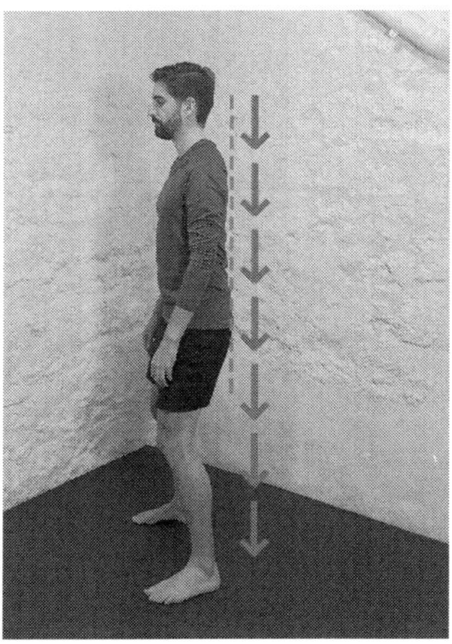

Bassin en rétroversion
Colonne étirée
L'effet de la gravité sur les muscles du dos est direct

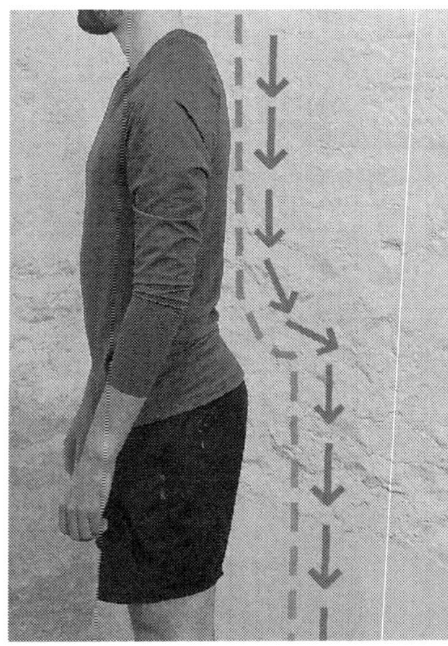

Bassin en antéversion
Cambrure
L'effet de la gravité est diminué

Si je garde une lordose (cambrure), je garde de la tension, et l'effet contraire gravité/structure n'est pas efficace. En basculant le bassin en rétroversion, la cambrure est atténuée, voire effacée, et le travail de la gravité sur les muscles entourant la colonne vertébrale est rendu plus efficace. La gravité va donc tirer doucement sur tous ces muscles spinaux, les décontracter, leur rendre leur mobilité et leur souplesse, et donc à terme les renforcer.

Nous sommes focalisés sur la partie lombaire de la colonne, mais le même travail est à effectuer sur la partie thoracique et cervicale de la colonne vertébrale. Le principe reste le même et peut facilement être vérifié devant un miroir. Ne forcez jamais sur votre corps. Il est quasiment impossible d'étirer la colonne vertébrale dès les premières semaines. Annuler la lordose lombaire peut accentuer la cambrure thoracique (cyphose) et vice versa. Pensez plutôt à atténuer cette courbure de la colonne.

Attention : La forme cambrée du dos nous est très utile pour amortir les chocs et le poids de la gravité. Cet exercice n'a pas pour vocation à vous faire vivre avec la colonne étirée. Il s'agit d'un exercice pour apprendre à répartir un peu mieux les forces de la gravité sur tout notre corps et pour récupérer de la mobilité dans cette colonne vertébrale. Votre dos doit pouvoir bouger librement. Il doit pouvoir cambrer ou non, en fonction des besoins.

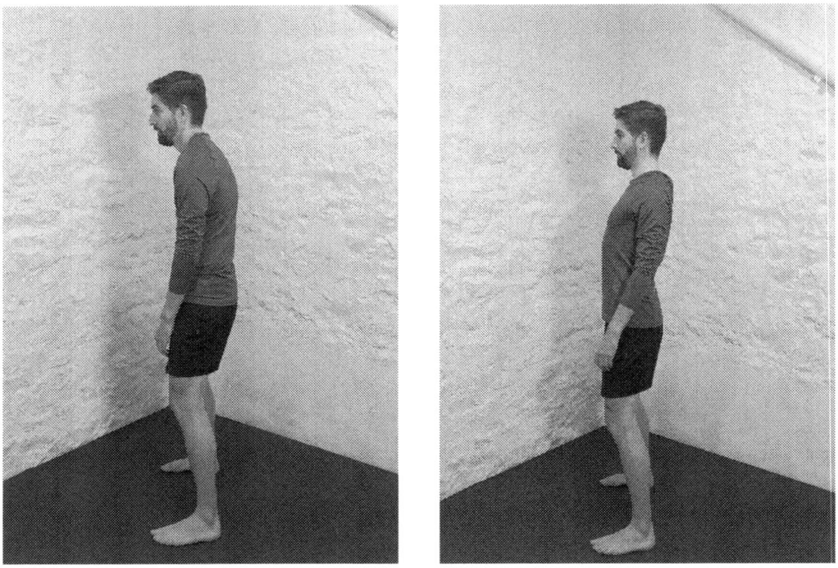

Postures à corriger

Après plusieurs mois de pratique et d'autocorrection, vous pourrez récupérer le contrôle sur votre mobilité du bassin, les lombaires, et la partie thoracique de votre colonne vertébrale. Cette capacité à libérer les muscles emprisonnant la colonne vertébrale permettra de réduire considérablement vos problèmes de dos, de disques dorsaux, mais aussi de soulager vos douleurs, vos hernies, sciatiques, etc... Vous pourrez vous rendre compte, même si vous souffrez actuellement du dos, qu'en réalité votre dos est puissant, et même bien plus puissant que l'on ne l'imagine. Libérer les muscles du dos libère la colonne et ses disques intervertébraux, et libère également le système nerveux, qui a dorénavant plus d'espace pour faire circuler ses informations. Cela signifie concrètement un meilleur échange d'informations entre les récepteurs (toucher, ouïe, réflexes, etc..) et le système nerveux.

Dans toutes vos actions et dans votre sport, vous sentirez tout votre corps travailler. Le corps s'équilibrera beaucoup plus naturellement, puisque le dos sera entièrement mobile et libéré. Chaque action qui viendra perturber votre équilibre passera directement du sol au point de contact, ou du point de contact vers le sol. Vous commencerez à sentir que votre puissance ne vous appartient plus, que vous devenez un relais pour transmettre la puissance qui provient du sol.

6- Les Épaules

Positionnement naturel des épaule

Il n'y a normalement aucun travail spécifique à effectuer sur les épaules. Il suffit de les détendre au maximum. Vos épaules doivent être tirées vers le bas. Néanmoins, vérifiez régulièrement votre posture avec un miroir. Il est courant chez les débutants de constater un affaissement des épaules vers l'avant. Cela est dû au fait qu'ils annulent « trop » la lordose lombaire et ainsi accentuent la cyphose au niveau thoracique. La colonne vertébrale se ferme sur les poumons et le plexus. Cela peut réduire les capacités pulmonaires du pratiquant et, donc faire tomber les épaules vers l'avant et dégrader la posture.

Epaules fermées

La mesure correctrice la plus efficace se fera au niveau de la colonne vertébrale qu'il faudra étirer de nouveau, en insistant sur l'ouverture du plexus et de la cage thoracique. Pour cela, reprenez le travail global de la colonne (enracinement, relaxation, contractez la portion inférieure du trapèze (comme si vous vouliez rapprocher les deux omoplates) et contractez le grand dorsal, pour continuer à tirer votre épaule vers le bas et l'arrière. Effectuez des séries de contractions de ces muscles pendant 10 secondes puis relâchez. Faites 3 séries. Voyez ces exercices comme des exercices de rééducation, le but étant de s'en libérer le plus vite possible par la suite, afin de ne pas accumuler de tensions dans le corps et d'obtenir une posture mobilisable le plus facilement et rapidement possible. Votre corps doit être prêt à s'enraciner à 100 % quasiment instantanément.

7- La Tête

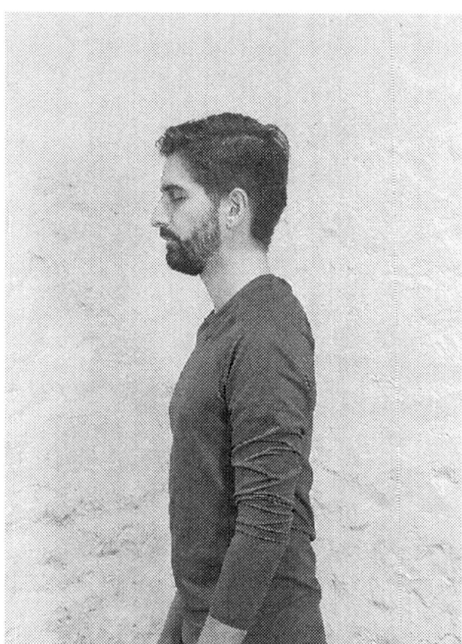

Port de tête naturel

La position de votre tête influe directement sur les muscles de votre nuque. Vous pouvez étirer la partie cervicale de votre colonne vertébrale en rentrant légèrement le menton et en baissant les épaules. Empêchez votre tête de tomber vers l'avant, cela soulagera la pression sur les muscles de votre nuque. Vous pouvez également imaginer que votre tête est comme suspendue par un fil invisible. N'oubliez pas de décontracter votre mâchoire pour vous libérer d'un maximum de tensions.

Port de tête incorrect

Aller plus loin

1- Séparer le haut et le bas : travail du Psoas

Une fois ces points « techniques » acquis et maîtrisés, vous pourrez passer à cet exercice pour optimiser le travail d'enracinement. Nous allons maintenant séparer le haut et le bas du corps. Comme je l'expliquais précédemment, en pratiquant DKCJG nous sommes soumis à des forces contraires : la force de la gravité, qui nous attire vers le sol, et celle de la structure profonde du corps, qui lutte contre la gravité. Notre corps veut aller vers le haut, tout en étant attiré vers le sol. C'est ce qui va étirer, assouplir, renforcer nos muscles profonds. En étirant la colonne vertébrale, ce travail est accentué, et après quelques mois de pratique, vous sentirez votre colonne vertébrale complément libre de ses mouvements. Vous pourrez alors travailler DKCJG en « séparant le haut et le bas », comme si votre corps était coupé en deux.

C'est un travail invisible à l'œil nu. **Vous allez laisser le bas de votre corps être attirée par le sol, et le haut de votre corps être tiré vers le haut par un fil invisible.** Cela va créer une séparation au niveau de toute la ceinture abdominale, ainsi que celle des lombaires superficiels et profonds. C'est à ce moment que l'on peut sentir le bassin « tomber ».

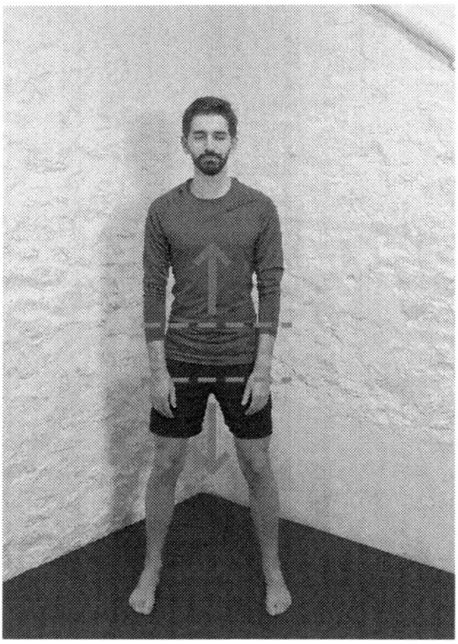 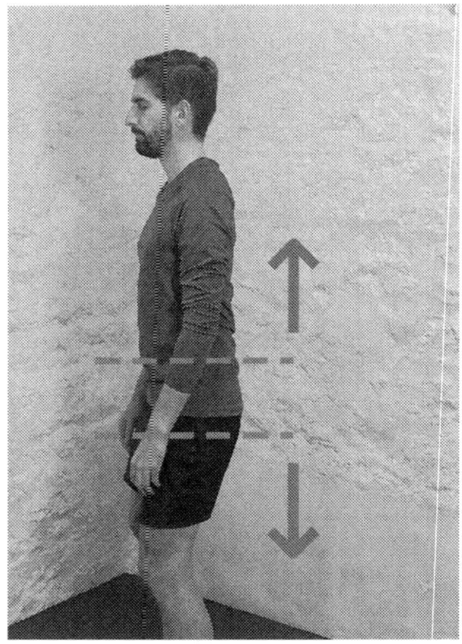

Ce travail va permettre d'étirer et d'assouplir cette zone, et notamment de renforcer les muscles de la région lombo-iliaque à savoir le grand Psoas, le petit psoas et le Carré des lombes. Ces muscles complexes et profonds connectent la zone lombaire de la colonne vertébrale à la cuisse, tout en passant dans le bassin. Ce système musculaire assure le maintien de la partie lombaire de la colonne et influence la bascule du bassin et son positionnement pour assurer l'équilibre de la posture.

Dit simplement, un psoas affaibli, en tension, contracté, empêche un mouvement libre du bassin, « tasse » la posture, et peut être à l'origine de nombreux déséquilibre respiratoires et de douleurs lombaires.

Ce muscle constitue un lien direct entre le bloc bas du corps (pieds, jambes, bassin) et le bloc haut (ceinture abdominale

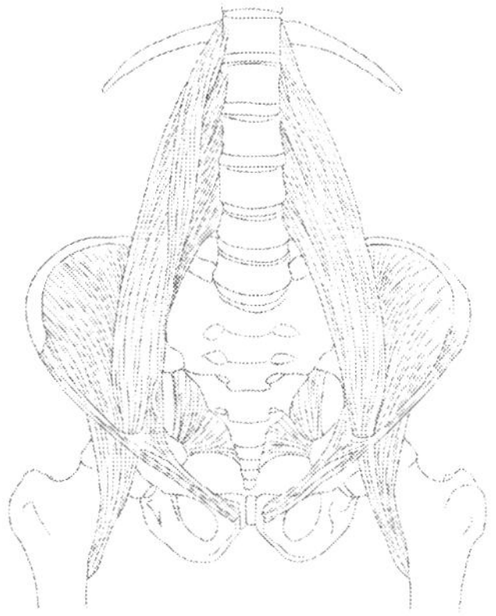

et lombaire, torse, bras et tête). Vous imaginez donc sa place centrale si je souhaite utiliser mon corps dans son ensemble. Toute la stabilité de ma structure profonde transite par le psoas, directement ou indirectement.

L'énergie qui vient du sol passe par mes articulations et par mes muscles profonds, transite par le Psoas et se transmet à la région lombaire de la colonne. Cette énergie monte alors le long de la colonne jusqu'aux épaules, puis jusqu'aux bras pour effectuer mon action.

Pour accentuer le travail du Psoas pendant DKCJG, travaillez la séparation de votre corps, en essayant de maintenir le bassin en rétroversion. Vous sentirez votre bassin descendre petit à petit, et une pression s'accentuer dans vos lombaires.

2- Ajuster sa posture avant/arrière

Plus le temps avance, plus vos muscles vont se détendre, et plus votre posture va évoluer. Il sera de plus en plus naturel et facile de s'enraciner. Pensez à régulièrement vérifier et ajuster votre posture en reprenant les points importants précédemment évoqués :

Conscience dans les pieds, rétroversion légère du bassin et étirement de la colonne vertébrale, épaules qui ne tombent pas vers l'avant, relaxation et confort dans sa posture.

Finalement, revenez dans vos pieds et vérifiez si vos sensations ont évolué.

3- Durée de l'exercice

Il faut bien différencier l'Enracinement, qui est une compétence, de DKCJG qui est un exercice pour développer cette compétence d'Enracinement.

Vous pouvez travailler DKCJG entre 5 et 30 minutes par jour. J'insiste sur le fait qu'il est inutile de travailler directement 30 minutes. Si votre corps n'est pas préparé, relâché, vous ne ferez que travailler les couches externes du corps. Vous travaillerez donc « en force ».

Il sera plus rentable pour vous de travailler 5 petites minutes en cherchant les profondeurs du corps. Puis, semaines après semaine, augmentez la durée de l'exercice. Essayez de vous sentir à l'aise, et cet exercice deviendra un exercice d'exploration du corps surprenant ! Vous ne verrez plus le temps passer !

La compétence d'Enracinement, une fois que vous l'avez comprise, peut se travailler n'importe où et n'importe quand ! A chaque fois que vous vous tenez debout, marchez, faites du sport, connectez-vous à la sensation de pression sous vos pieds, cette sensation d'enracinement. Vous prendrez l'habitude de vous connecter rapidement à votre corps !

4- Lever les bras

Vous avez peut-être déjà pu observer ou pratiquer cette posture dans d'autres arts martiaux avec d'autres explications. Par exemple, il est très courant en Qi Gong de travailler la posture dite de « l'arbre », avec les mains levées au niveau des épaules. Cependant il faut bien comprendre que les mains qui se lèvent sont une conséquence de la bonne pratique des fondamentaux de la posture, les conséquences d'un corps unifié et libre.

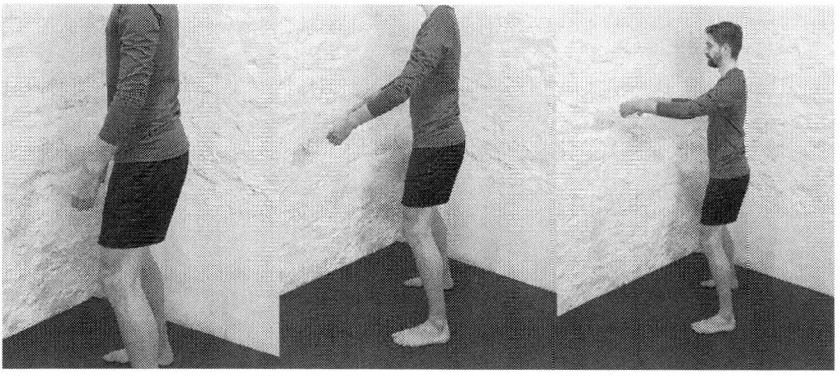

Donc, ne vous forcez pas à lever les bras à hauteur d'épaules. Concentrez-vous sur le travail de votre centre, de votre colonne vertébrale, et vous pourrez un jour sentir vos bras s'engager naturellement. Cela peut prendre plusieurs semaines à plusieurs années avant que les bras ne se lèvent naturellement, mais ce n'est en rien un indicateur d'un « niveau » d'enracinement. Vous pouvez commencer le travail suivant si vous maîtrisez bien les bases et souhaitez travailler les bras :

Se forcer à lever les bras crée de la tension aux épaules

5- Ajouter du poids dans les bras

Dans la pratique basique de DKCJG, les bras tombent naturellement et les doigts sont très légèrement en contact avec le haut de vos cuisses. Ils doivent être complètement relâchés. Vous devez sentir que vos mains s'alourdissent petit à petit, comme si vos elles étaient deux poids au bout d'une corde. Faites attention à ne pas affaisser votre posture. Ce simple exercice peut ajouter beaucoup de poids dans vos frappes.

Posture de base, les mains sont posées et relâchées.

A présent, levez vos bras d'à peine quelques centimètres. Vos mains ne dépassent même pas le bassin. Une légère tension va courir le long de vos bras mais continuez de vous relâcher au maximum. Vous allez ainsi continuer le renforcement de vos articulations de l'épaule, du coude et du poignet. Constatez que les bras ne sont pas tendus, que le coude est légèrement plié, que les mains sont relâchées et qu'elles se font face. Trouvez une posture naturelle, ou vous êtes à l'aise, et ressentez le minimum de tension. Si vous ressentez trop de tension aux épaules, à la nuque ou aux bras, ramenez les mains contre vos cuisses.

Engagez vos mains.
Elles se lèvent à peine.

Sur une pratique de DKCJG de 10 minutes, pratiquez cet exercice pendant 3 minutes maximum.

Vous constaterez qu'il y a des jours où les mains se lèveront facilement, et d'autres pas. Ne forcez rien, détachez-vous des attentes, et travaillez la posture. Le secret n'a jamais été dans le bras.

Erreurs courantes

1- Trop annuler la cambrure lombaire

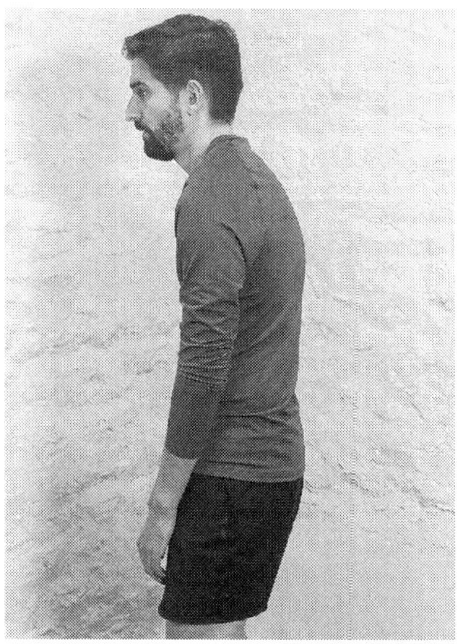

Vous mettez trop le bassin en rétroversion, et toute votre posture se dégrade. Les épaules tombent fortement vers l'avant, vous peinez à respirer. Si vous vérifiez votre posture, on ne constate pas une colonne qui s'étire. Redressez-vous, grandissez-vous, et ne forcez plus autant sur votre bassin. C'est une erreur très courante chez les débutants. Ce déséquilibre se crée quand le pratiquant veut annuler sa courbure lombaire sans avoir le niveau de relaxation et de mobilité nécessaire, notamment au niveau du groupe du Psoas. Le bassin manque donc de mobilité et toute la posture se dégrade.

2- Douleurs mollets / cuisses

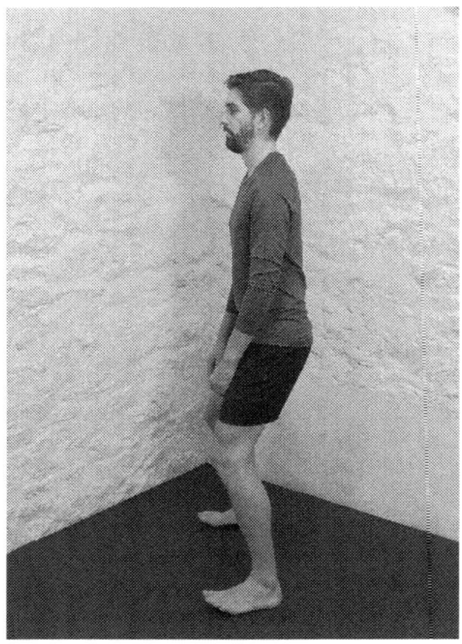

Douleurs aux cuisses : Plusieurs causes possibles. Les genoux sont trop pliés, je suis « assis » dans ma posture. Redressez-vous, les genoux sont juste déverrouillés, sans être sous pression. Si vous vous sentez obligés de plier les genoux, c'est peut-être que vous manquez de mobilité dans le bassin, et que vous manquez de souplesse au niveau du Psoas. Redressez-vous, libérez vos lombaires et ne vous préoccupez pas d'annuler la courbure lombaire. Protégez vos genoux, continuez de travailler sans forcer sur votre bassin, et petit à petit vous constaterez une évolution de la souplesse de vos muscles et de la mobilité de votre bassin.

Il est également possible que votre posture porte trop sur les talons. Vous êtes « sur l'arrière ». Rééquilibrez-vous vers l'avant, pour ressentir de la pression sous tout le pied, orteils compris.

Douleurs dans les mollets : Si vous souffrez de douleurs dans les mollets, il est probable que votre posture porte trop vers l'avant. Corrigez votre équilibre en ramenant la pression sous vos pieds vers les talons. Il est également possible que ces douleurs arrivent parce que vous reprenez l'habitude de trop forcer avec vos orteils dans la posture. Cela peut engendrer de la fatigue au niveau des orteils, de la voûte plantaire, du tendon d'Achille et des mollets. Si vous pensez vous trouver dans ce cas de figure, effectuez des séries de contraction des orteils sur de petites périodes (10-15 secondes). Petit à petit, ces muscles se renforceront et les gènes disparaîtront.

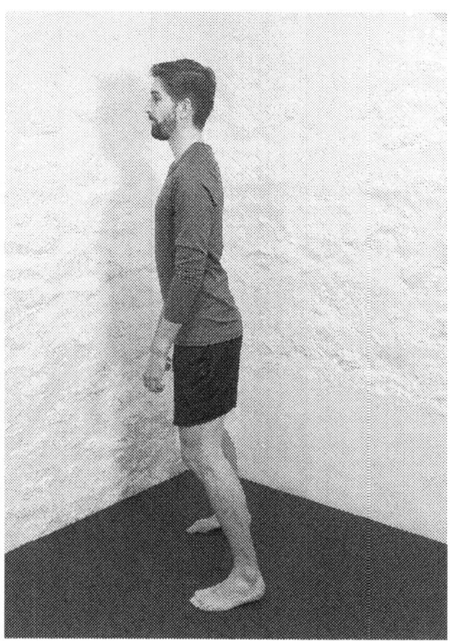

3- Ajouter du poids

On a compris que la force de la gravité agissait sur les muscles profonds en les étirant, en les assouplissant et en les renforçant. Nous pourrions donc être tentés de travailler avec du poids supplémentaire pour accentuer les forces de la gravité que notre corps tente de contrer. Cependant, cette pratique présente peu de bénéfices et quelques risques ; je déconseille donc de travailler en ajoutant du poids. DKCJG se pratique en poids de corps, sur des temps de pratique relativement longs. La pression sur les articulations est déjà importante, et il serait dangereux d'ajouter d'une façon brutale plusieurs kilos sur ces articulations pendant une longue période d'exercice.

En règle générale, le travail en isométrie (créer une tension musculaire sans mouvement) devrait se faire sans poids supplémentaire. Pour augmenter la difficulté d'un exercice d'isométrie, comme DKCJG ou un simple gainage, vous pouvez augmenter votre niveau de relaxation pendant l'effort, pour ajouter « naturellement » du poids sur vos articulations.
Une fois cette étape maîtrisée, vous pourrez éventuellement travailler avec du poids mais nous préconisons uniquement d'ajouter quelques centaines de grammes (entre 200 et 500 grammes maximum pour tout le corps)

Les variantes de DKCJG

Il existe plusieurs variantes à la posture de DKCJG. Elles se pratiquent en respectant toujours les mêmes principes, mais permettront de travailler à des endroits plus spécifiques du corps. Elles permettent de varier la pratique quotidienne de DKCJG ou de l'adapter à des objectifs plus spécifiques.

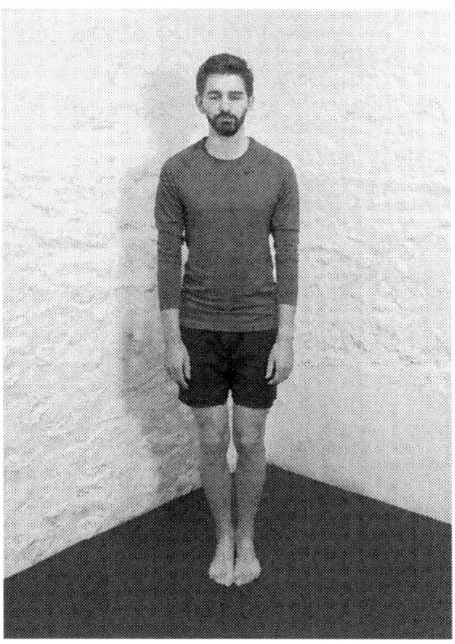

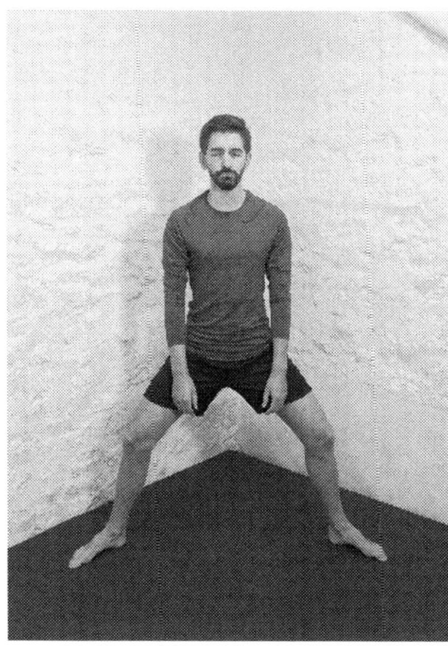

La posture pied joint va permettre d'accentuer le travail sur l'équilibre gauche / droite dans l'espace et sur la partie thoracique et cervicale de la colonne vertébrale.

La posture large permet de mettre l'accent sur le travail d'équilibre avant/arrière et sur l'étirement des muscles du bassin. Attention à ne pas affaisser sa posture !

Pour récapituler :

Bassin en rétroversion

Etirez votre colonne vertébrale

Vérifiez régulièrement vos sensations d'enracinement et votre posture

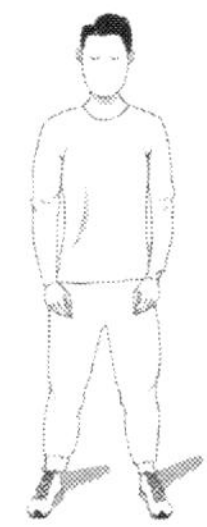

MOBILITÉ

LE MOUVEMENT POUR CONSTATER SON ÉVOLUTION

Nous avons relâché le corps et l'esprit, et nous avons vu comment les renforcer de l'intérieur. Nous allons maintenant découvrir comment ces 3 concepts prennent vie à travers nos mouvements. La plupart des exercices présentés ici sont très simples, et peuvent s'effectuer seul. Il y a deux façons de faire ces exercices : en force, sans faire attention à ce que l'on vient d'apprendre dans ce livre, ou bien en conscience, en prenant le temps de développer la qualité de son mouvement. J'insiste donc sur le fait qu'il ne faut pas se précipiter à vouloir aller trop vite, trop fort, au risque de passer à côté de nombreux enseignements.

J'ai écrit ce livre pour que vous ayez un apport théorique suffisant et que vous ne vous retrouviez pas bloqué à chercher des réponses comme je l'ai été auparavant. Néanmoins, vous devez réaliser que depuis le début nous parlons du corps et de vos sensations. Pour sentir, il va falloir faire les exercices. C'est là que vous comprendrez le plus, c'est là que la théorie deviendra concrète. Essayez d'apprendre par le corps, de façon détendue, avec du recul sur votre pratique, en restant enraciné et vous verrez les résultats apparaître rapidement.

Ces exercices amélioreront vos capacités martiales et votre qualité de mouvement dans tous les sports.

Marche consciente

Un exercice simple, mais que je continue de travailler tous les jours. Nous avons vu l'enracinement à travers la pratique de DKCJG, et cet enracinement se travaillait de façon statique, immobile. Vous pouvez également le travailler en marchant, en vous déplaçant. Un des buts de l'enracinement est de devenir capable de l'utiliser en combat, donc dans un contexte très « dynamique ». Commençons d'abord par la marche consciente.

Vous avez compris que l'enracinement démarre par la conscience que je mets dans mes pieds. Continuons ce travail en marchant. Vous allez prendre conscience du déroulement de votre pied, depuis le moment où le talon touche le sol, puis lorsque le pas se déroule, et enfin lorsque vous donnez une propulsion avec les orteils.

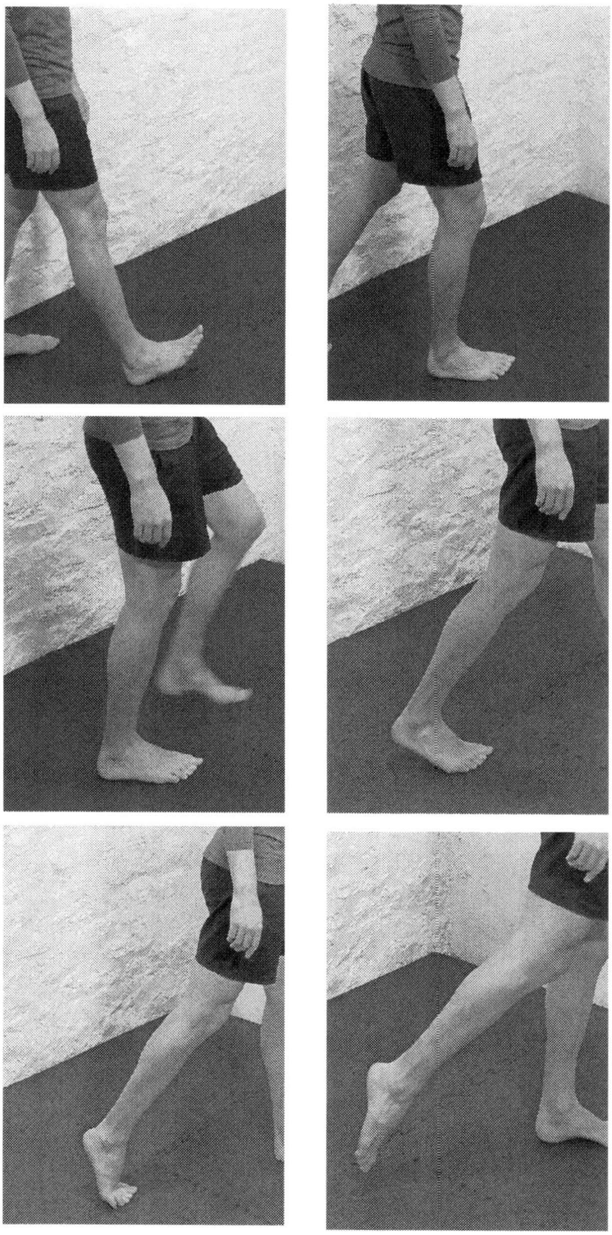

Prenez pleinement conscience des différentes pressions que subit votre pied. Restez actif, ne vous laissez pas attirer vers le sol. Au contraire, le fait de pousser dans le sol doit propulser toute votre structure, vous grandir. Regardez-vous marcher : si votre démarche est étrange, que vous êtes tordu ou que vous donnez l'impression de marcher sur du verre, c'est que votre marche n'est pas correcte. Cet exercice, comme beaucoup en WCS doit être invisible. Vous devez le sentir.

Aller plus loin

Changements de direction

Utilisez cette pression pour contrôler toute la structure de votre corps. Arrêtez-vous, changez de direction, reculez. Essayez de subir le moins de pertes d'équilibre possible. Et ne faites pas deux pas quand un seul suffit. Une action doit correspondre à un mouvement. Restez en contrôle de votre enracinement, de votre démarche, de votre équilibre. Utilisez tout votre pied pour contrôler votre équilibre. Utilisez cette façon de marcher dans les endroits remplis de monde, où votre direction est toujours légèrement perturbée. Petit à petit, vous pourrez observer autour de vous les personnes qui ne sont pas enracinées, qui perdent l'équilibre, qui ont besoin de plusieurs pas pour se remettre droit, etc.

Déplacements martiaux (steps)

Une fois la marche maîtrisée, vous pouvez trottiner selon le même concept, mais également trouver et corriger votre posture de combat. Les mêmes principes s'appliqueront : gardez vos sensations dans le sol, gardez votre équilibre, avancez, reculez, tournez, etc...

N'ayez pas peur d'élargir un peu votre posture. Votre objectif est d'abord d'avoir une posture stable pour transmettre les énergies de l'enracinement de façon efficace. Avec l'expérience, vous pourrez petit à petit réussir à transférer les mêmes quantités d'énergie en étant d'avantage « debout ». Mais le principe reste le même que dans la marche consciente, servez-vous de vos pieds, puis du reste de votre structure.

Vous aurez peut-être besoin d'abandonner certaines croyances acquises pendant vos pratiques martiales. Trouvez ce qui vous rend puissant, à l'aise, même si ça ne correspond pas à ce que vous avez appris. Plus vous serez à l'aise, plus vous serez efficace. Par exemple, certaines personnes préféreront avoir une posture de combat avec le talon arrière au sol, d'autres avec le talon arrière levé. Les deux postures ont des avantages et des inconvénients. Le talon au sol permettra d'être plus facilement connecté au sol, et donc de profiter de cette puissance additionnelle. Le talon levé permettra de gagner en mobilité au niveau du bassin et donnera également plus de relâchement dans le mouvement pour gagner en vitesse.

Pratiquez la relaxation, la méditation, l'enracinement, et votre corps trouvera par lui-même ce qui lui convient le mieux.

Vague poussée (vers l'extérieur)

Vous avez jusque ici travaillé l'énergie qui provient du sol, maintenant nous allons faire monter cette énergie le long du corps, afin de pouvoir l'utiliser. Nous allons créer un mouvement de vague, ou de fouet, articulation par articulations.

1. Tenez-vous pieds parallèles, complètement détendu.
2. Pliez les genoux, suffisamment pour engager les cuisses.
3. Poussez sur vos fesses pour mettre le bassin au maximum en rétroversion

4. Ouvrez la cage thoracique et tirez le plexus solaire vers le haut et l'avant
5. Accompagnez le mouvement le fouet de la colonne vertébrale avec les épaules vers l'avant et la tête.
6. Revenez en position neutre et équilibrée.

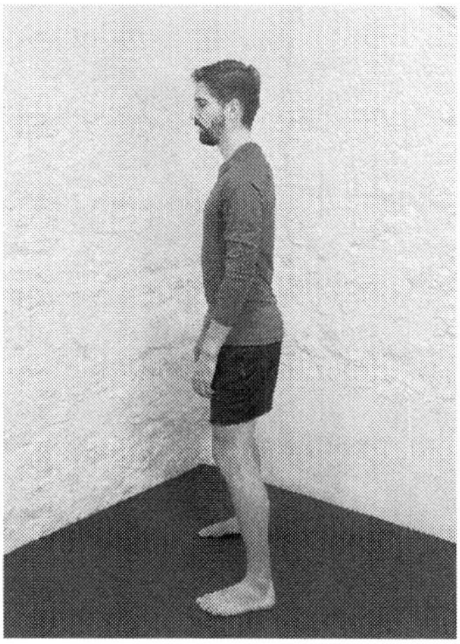

1

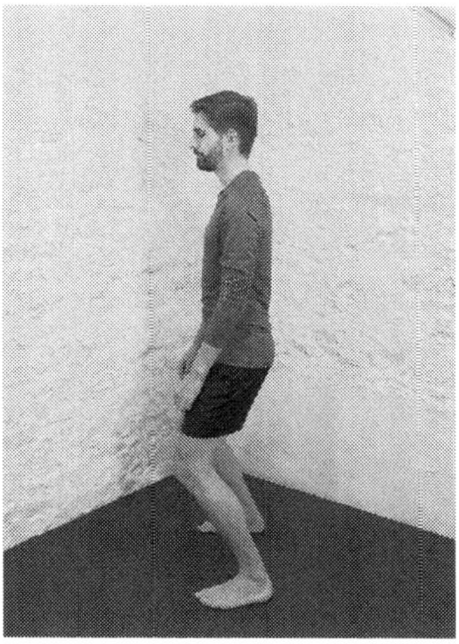

2

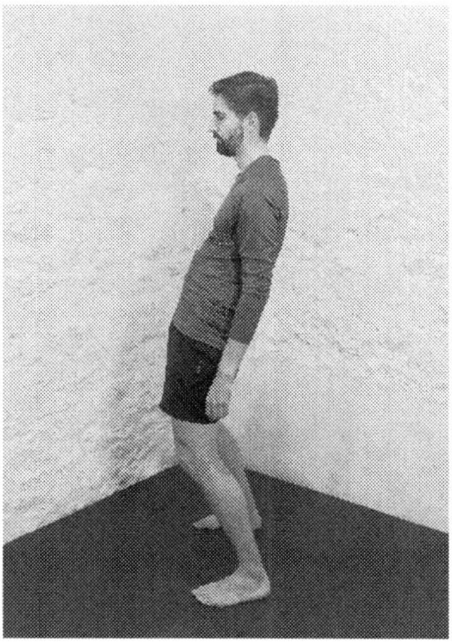

3

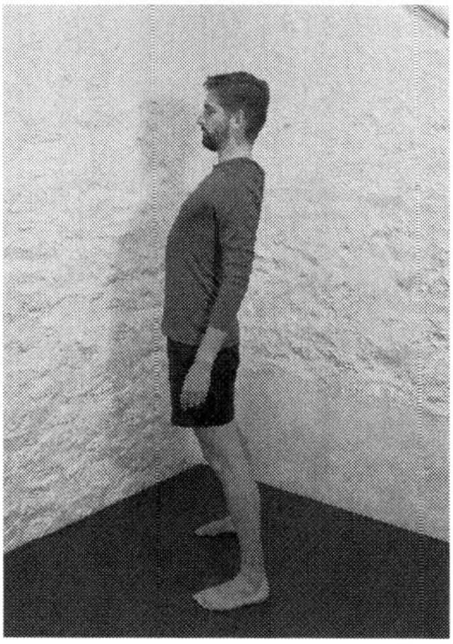

4

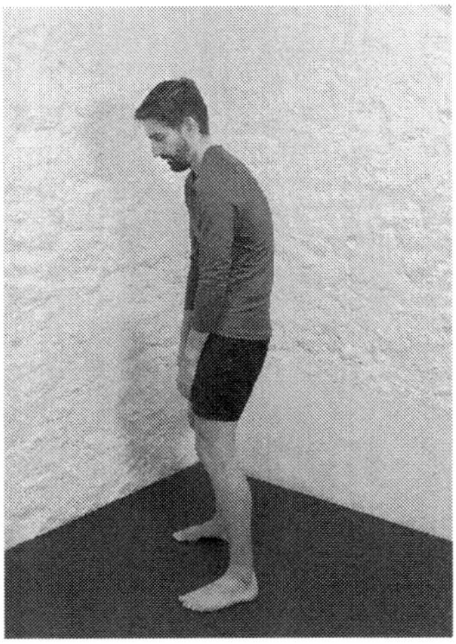

5

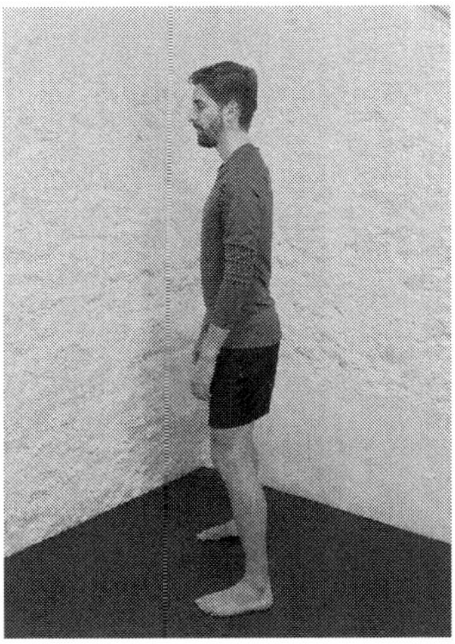

6

On monte l'énergie du sol, et on la fait circuler tout le long de la colonne vertébrale.

Notez que si votre dos est encore trop tendu, ce mouvement sera difficile. Continuez alors de travailler DKCJG tous les jours. Ce mouvement s'améliorera petit à petit, et cette évolution signifiera que vous pourrez de mieux en mieux transmettre l'énergie du sol dans tout le corps.

Travaillez lentement, pas de façon explosive. Pensez à rester relâché, à respirer et à souffler correctement.

Vous pouvez pour vous aider tester ce mouvement sur une poussée. Restez pieds parallèles, collez vos deux mains sur l'épaule de votre partenaire et poussez-le en utilisant cette vague.

Il n'y a pas de distance entre vous et l'adversaire. Cela signifie que vous devrez créer cette distance dans le corps, dans les articulations, grâce à ce mouvement de vague. Pas besoin d'être violent. Si vous effectuez ce mouvement correctement, votre partenaire se déracinera petit à petit. Au contraire, si vous sentez que vous vous déracinez, c'est que vous n'utilisez

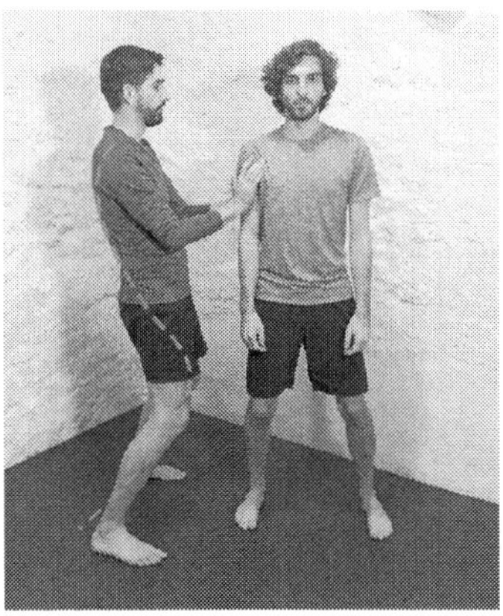

Chargez la vague

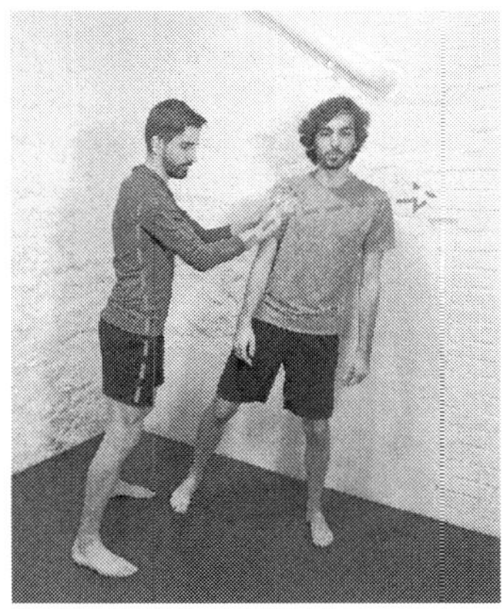

L'énergie déracine Swann

Trop de tension,
l'énergie me revient et
me déracine

pas votre corps en entier, seulement les bras, ce qui vous déracine. Utilisez le sol.

Ce concept est primordial pour utiliser naturellement la puissance du sol, et se retrouve dans les démonstrations de « *zero inch punch* » de Dk Yoo. Cette vague entre également en compte pour travailler la vitesse et l'explosivité des frappes. Il suffit de faire le lien entre le mouvement de vague et le mouvement de frappe que vous souhaitez travailler. Cette énergie de vague permet le passage d'un état relâché à une tension maximale de façon quasi instantanée. Pensez au fouet, qui à la fin de sa vague claque de façon si explosive qu'il dépasse la vitesse du son.

Vague absorbée (vers l'intérieur)

Dans la vague « externe » nous puisons la force du sol et la montons le long du corps pour l'exploiter dans la frappe. Dans la vague « interne » nous allons plutôt travailler à faire ce chemin dans l'autre sens, du haut du corps vers le sol, comme si j'absorbais, et redirigeais une force vers le sol. Ce mouvement peut être plus compliqué pour certaines personnes. Travaillez la vague externe, puis à la fin de votre vague, plutôt que de revenir à une position neutre, essayez de trouver comment faire le chemin « à l'envers ».

1. Faites une vague externe et à la fin du mouvement ne revenez pas à une position neutre.

2. Ouvrez les épaules vers l'arrière et basculez le bassin vers l'avant
3. Pliez les genoux et laissez le bassin basculer vers l'arrière
4. Votre poids se transfère légèrement sur les talons

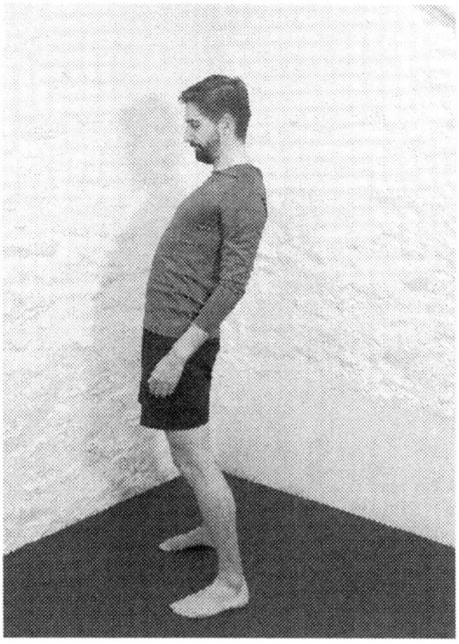

1

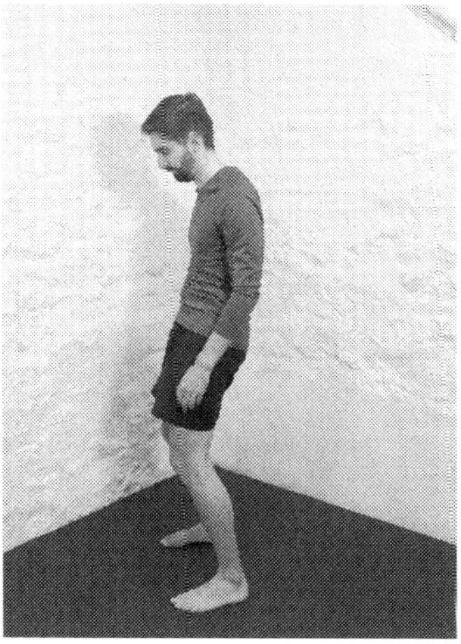

2

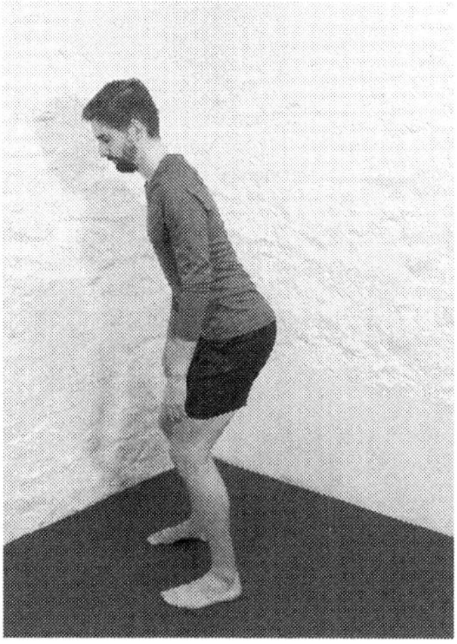

3

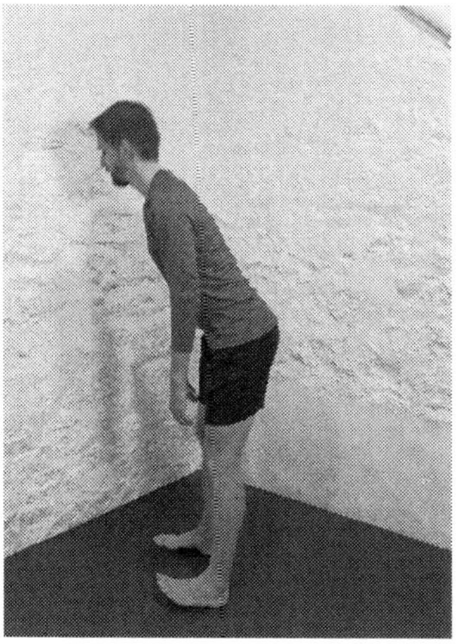

4

Cette vague demande plus de souplesse de la colonne vertébrale que la précédente. Essayez pendant l'exercice de visualiser votre colonne vertébrale, et de la sentir onduler comme un fouet, comme une vague. Notez cependant que contrairement à la vague externe, ce sont ici les muscles de la chaine antérieure (Torse, abdominaux, cuisses) qui vont impulser le mouvement. Chez la plupart des gens, il est difficile de sentir ce mouvement à cause des tensions musculaires. Mais plus vous pratiquerez en conscience, doucement, plus la colonne retrouvera de la mobilité et permettra de libérer ce mouvement. Si ce mouvement vous semble trop difficile, ou trop raide, continuez la pratique de DKCJG et de la vague externe.

Cette vague interne permet d'apprendre au corps à rediriger les forces de traction vers son centre de gravité, puis vers le sol. Ce mouvement est utile pour toutes les techniques où l'on a besoin de tirer, de contrôler la structure de l'autre. Pour que ce mouvement devienne efficace sur les techniques, il faut là encore garder à l'esprit les principes de transmission d'énergie. Si mon bras est trop en tension, la connexion entre ma technique et le sol ne sera pas suffisante ; je ferai la technique sans utiliser mon corps unifié, sans enracinement. N'oubliez pas de travailler en cherchant le minimum de tension afin que votre corps ne se déracine pas inutilement.

Je contrôle avec mon enracinement

Je tire avec ma vague vers l'intérieur

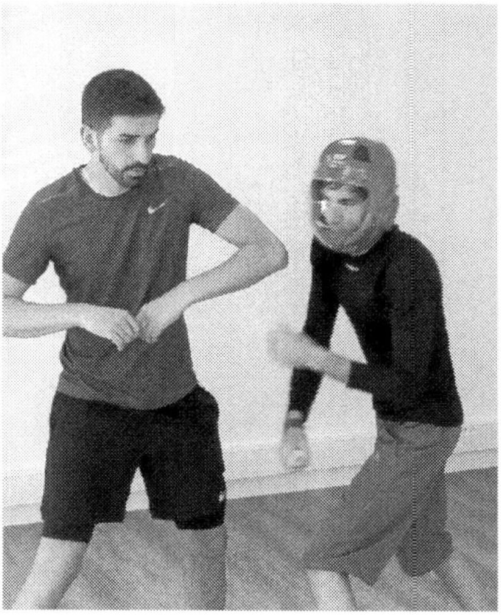

Mon Contre est simplifié

TG Wave et GCP (Generate Combined Power)

TG Wave signifie la Vague du Taegeuk. Taegeuk est la traduction Coréenne de Taichi. Ce mouvement correspond donc à un mouvement de vague très utilisé en Taichi.

GCP est l'acronyme de Generate Combined Power : Créer de la puissance combinée. On pourrait dire que le TG Wave est un éducatif pour faciliter l'assimilation du GCP. Les deux sont des mouvements similaires : le GCP ajoute l'utilisation des articulations du coude et du poignet dans les mouvements.

Ce sont les mêmes types d'exercice que la vague, des exercices de proprioception, qui servent à explorer la circulation de l'énergie dans notre corps. Les vagues externe et interne nous faisaient travailler sur un axe longitudinal, de bas en haut et de haut en bas, afin de faire circuler cette énergie par chaque articulation du corps. TG Wave et GCP vous permettent à présent de travailler la qualité de la transmission horizontale (sur l'axe antéro-postérieur) de cette énergie verticale (axe longitudinal).

Le TG Wave, et sa version avancée le GCP (Generate Combined Power) permettent d'apprendre à combiner les mouvements articulaires de la cheville, du genou, du bassin, de la hanche, du dos et de l'épaule. Il va également permettre de synchroniser les mouvements du bassin avec ceux de l'épaule. Dis simplement, on va apprendre à mobiliser toutes les articulations du corps, et les stopper exactement au même moment.

C'est un mouvement fondamental pour explorer la capacité d'accélération disponible dans le corps et faciliter la maitrise de la qualité de l'impact.

Cela permet une meilleure redirection des forces vers le sol au moment de l'impact, une meilleure sensibilité de l'impact, et une explosivité améliorée. C'est un mouvement avancé qui demande d'avoir maîtrisé la relaxation et l'enracinement. Il sera également possible grâce à ces mouvements « d'emmagasiner » une certaine élasticité dans les muscles, avant de la relâcher, de façon explosive.

TG WAVE

1. Tenez-vous debout en position détendue et enraciné, les pieds parallèles, genoux déverrouillés.
2. Fléchissez votre hanche droite, sans lever les talons.
3. Ramenez votre hanche en position de départ de façon nette et précise en marquant un arrêt. Restez-en équilibre.
4. Effectuez le même exercice côté gauche.

Notes à la pratique de TG Wave : Attention, vous n'effectuez pas une rotation horizontale de la hanche, mais bien une flexion. Votre hanche se « charge » en énergie, puise l'énergie des genoux fléchis, et vous allez libérer cette énergie. Chargez lentement, accélérez votre retour de hanche et stoppez de façon nette. Essayez petit à petit de travailler votre explosivité de mouvement, sans perdre en qualité. Votre bassin doit revenir parfaitement dans l'axe. Pour finir, faites attention à la direction que prend l'énergie dans votre corps au moment de l'arrêt de votre hanche. Cette énergie ne doit pas vous déraciner (vers le haut) ou vous déséquilibrer vers l'avant (mauvais contrôle du bassin). Restez en contrôle et relâchez vos tensions.

1

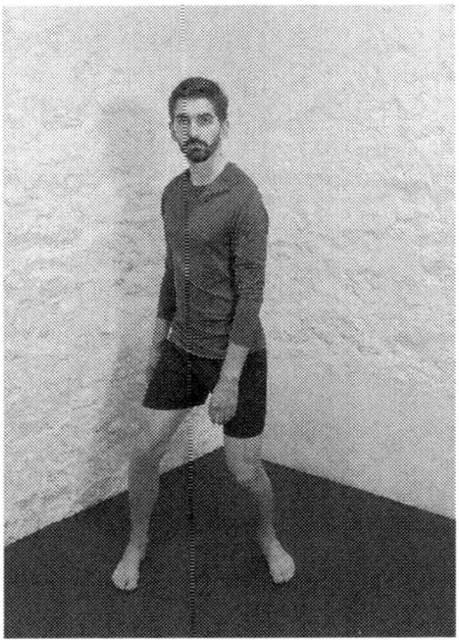

2

3

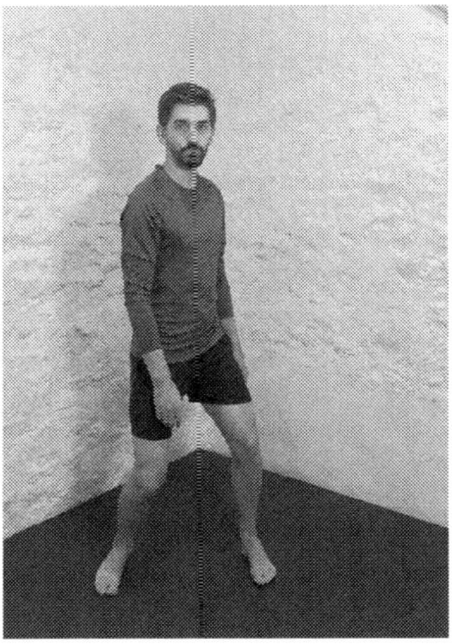

4

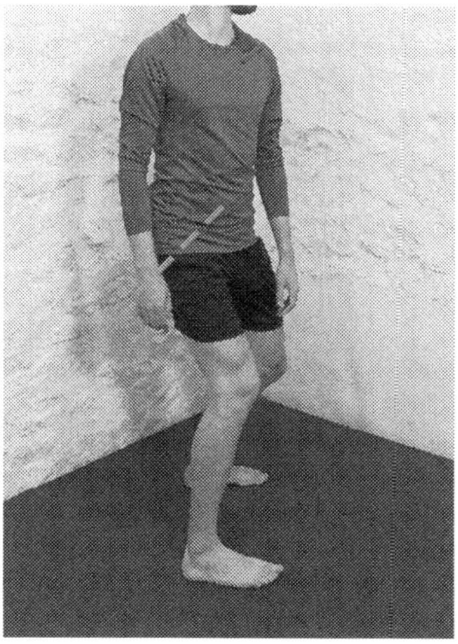

Chargez votre hanche selon cet angle

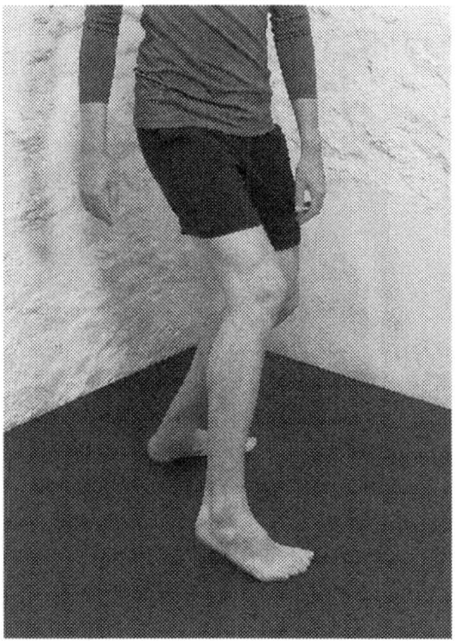

Ne levez pas les talons (trop de charge)

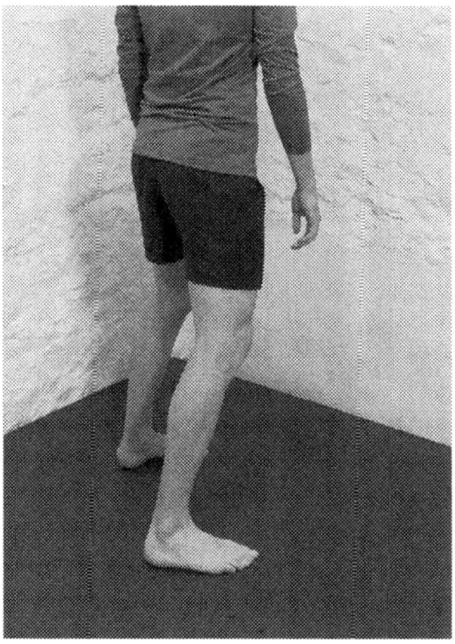

Contrôlez l'arrêt de votre hanche (trop de puissance)

GCP - Épaule

1. Chargez votre TG Wave et explosez
2. Votre épaule doit se stopper au moment exact ou votre bassin se stoppe
3. Sentez votre corps vibrer
4. Effectuez le même exercice du côté gauche.

1

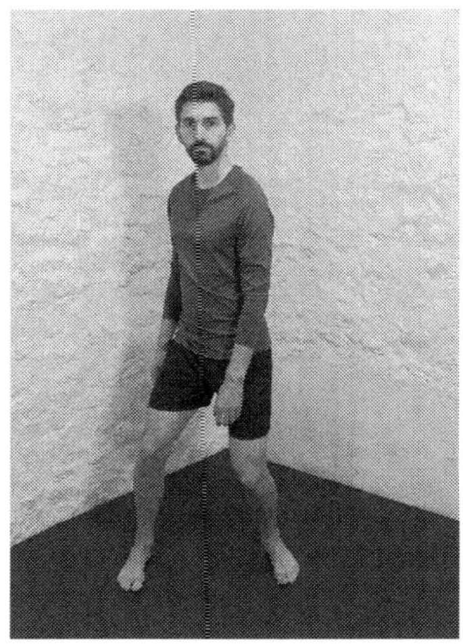

2

Votre corps vibre entre ces deux points

Notes sur le travail de GCP : Travail avancé à ne pratiquer qu'après une bonne maitrise de la relaxation, de DKCJG et de TG Wave. Au moment de l'arrêt de votre hanche et de votre épaule, une vibration se propage le long de la colonne vertébrale. Il est important d'expirer par la bouche, afin de ne pas emmagasiner trop de tension interne. Prenez le temps de travailler cet exercice lentement, d'écouter vos sensations. Notez ici que c'est toujours le bassin qui crée l'énergie ressentie jusqu'à l'épaule. La tension de l'épaule est minimale et en réaction à l'arrêt du bassin. Vérifiez que vous êtes toujours enraciné juste après le mouvement. Si vous perdez à un moment du mouvement votre enracinement, c'est que le mouvement n'est pas correct.

GCP – Frappe

1. Chargez votre TG Wave
2. Explosez en stoppant le bassin
3. L'onde se propage jusqu'à l'épaule
4. Envoyez cette vague jusqu'au poing
5. Relâchez-vous de suite

Chaque articulation que vous viendrez ajouter au travail de GCP représentera une difficulté supplémentaire, l'onde crée au bassin devant parcourir plus de chemin dans le corps et se heurter à plus de tensions profondes. Si votre corps est relâché en profondeur grâce à DKCJG, ce travail sera plus simple.

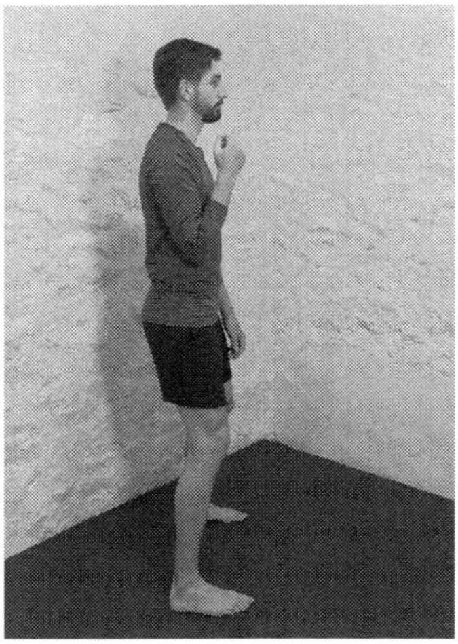

1

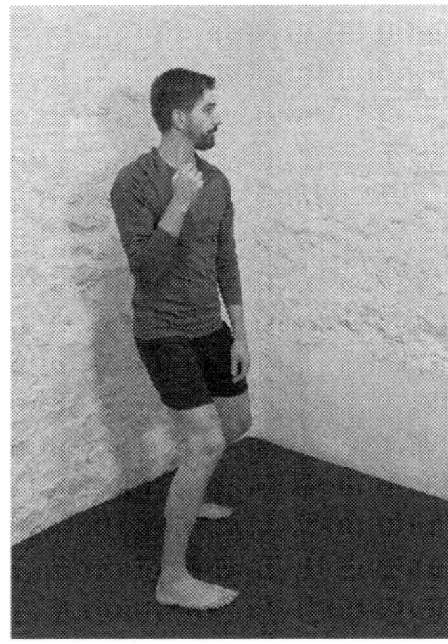

2

3

4

Note sur les mouvements de vague et GCP : avec l'expérience et la pratique, vos vagues deviendront plus petites, plus internes, moins visibles, jusqu'au point où vous aurez l'impression qu'il n'y a pas de mouvement particulier dans votre corps. N'hésitez pas à faire de grands mouvements pour vous entrainer au début et à sentir cette vague dans diverses parties de votre corps.

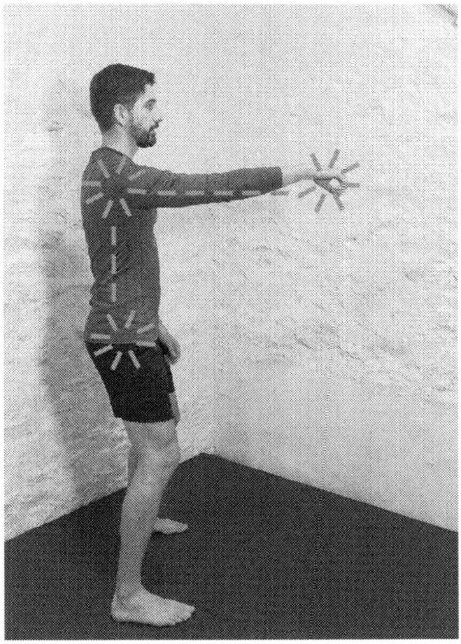

Les explosions se combinent et propagent la vibration jusqu'à la frappe

Pompes

Pour appliquer ces concepts sans se blesser, il est essentiel de renforcer efficacement le poignet. Toute l'énergie cinétique créée depuis le sol finira par transiter par le poignet. De plus, si vous vous blessez le poignet pendant un combat, vous serez privé d'une de vos meilleures armes. Il faut conditionner l'articulation du poignet à s'aligner avec l'avant-bras. Les muscles profonds du poignet peuvent l'aider à maintenir une position alignée, limitant ainsi les risques de torsion.

Pour renforcer le poignet en profondeur, le plus efficace reste les pompes sur les poings.

Orientez-vous de façon à sentir cet alignement avant-bras - poignet. Vous pouvez travailler sur les genoux. Ce type de pompes est une sorte de « gainage » préliminaire aux pompes. Au lieu de compter les répétitions, comptez les étapes. C'est-à-dire que ma série ne va pas faire 5 pompes, je vais 1 seule pompes en la montant en 5 étapes. Je compte un, deux, trois, quatre, cinq et marque un temps d'arrêt entre chaque étape.

1. Placez-vous en position
2. Montez votre pompe en 5 étapes distinctes
3. Détendez-vous et redescendez en 5 étapes

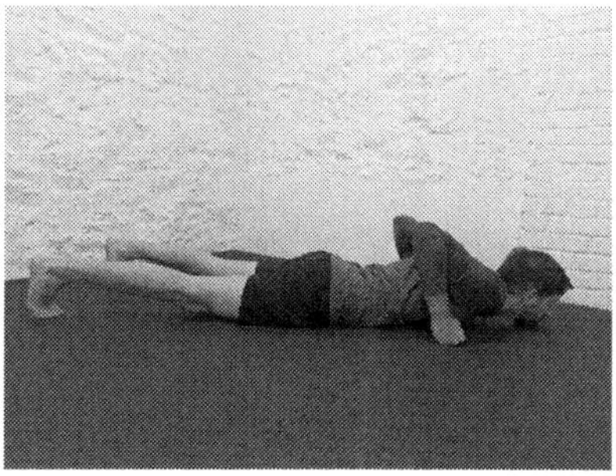

1

2

3

4

5

Essayez de respecter des paliers équivalents, bien nets, et de chercher le maximum de relaxation dans tout le corps pour ajouter du poids sur les poignets. Variez ensuite le nombre d'étapes (10-15-20).

Gainage

Postez-vous en posture de gainage classique. Ne vous posez pas sur vos coudes mais **posez vos mains bien à plat sur le sol**. Gardez les mains bien à plat, appuyez dans vos doigts, mettez le bassin en rétroversion (comme DKCJG) et poussez dans vos orteils.

Plutôt que de subir la gravité (et l'exercice), soyez actif et sentez tout votre corps profond s'engager. Pour plus de difficulté, avancez vos mains pour allonger votre posture.

Pompe « Lalanne »

A travailler si votre dos et votre région lombaire sont suffisamment renforcés. Si vous souffrez du dos je vous déconseille fortement cet exercice. Continuez de travailler DKCJG et le gainage en complément. Allongez-vous et détendez-vous, tendez vos bras devant vous et posez vos doigts sur le sol. Mettez votre bassin en rétroversion, concentrez-vous et levez-vous en position de pompe. Le plus difficile est de sortir de la position de départ !

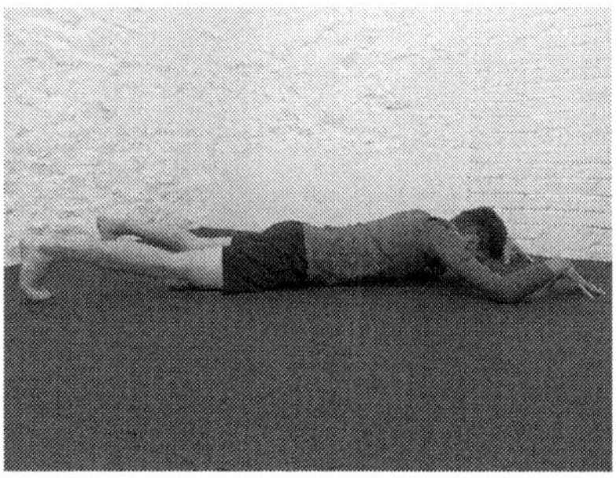

Relaxation des bras

Pour transférer efficacement l'énergie jusqu'à l'impact, votre bras doit apprendre à se relâcher et à se mettre en tension. Nous avons vu ce concept de façon immobile dans la partie consacrée à la relaxation. A présent, nous allons tester en mouvement cette relaxation.

1. Mettez-vous debout en posture neutre et détendue
2. Tendez le bras devant vous
3. Laissez instantanément tomber votre bras
4. Maintenez votre posture

Dans cet exercice, vous laissez simplement tomber votre bras. La chute de votre bras doit être instantanée, sans ralentissement. Au moment où vous le décidez, votre bras doit s'abandonner totalement et instantanément à la gravité. De plus, le poids de votre bras ne doit pas perturber votre équilibre ou votre structure. Restez droit, neutre, et laissez votre bras tomber. Faites l'exercice des deux côtés.

1

2

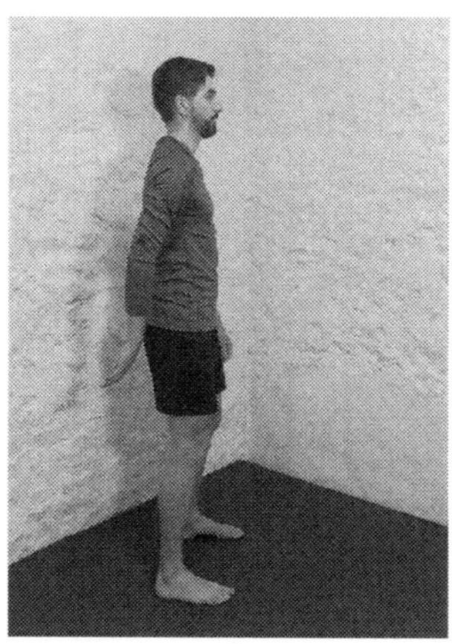

3

Lancement du bras

A présent, faites l'inverse. Vous allez lancer ce bras en donnant une impulsion légère dans le sol, comme si vous jetiez une boule de pétanque. Sentez le balancement de votre bras, sentez le poids de votre poing au bout de votre bras, et laissez votre bras retomber. Testez dans différentes postures, en

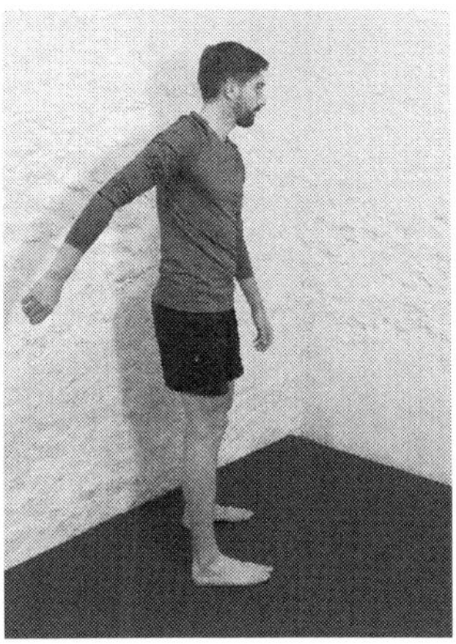

1

2

3

lançant votre poing dans différentes directions, mais en gardant toujours votre posture, votre enracinement et votre relaxation.

Qualités d'impact

Il existe 3 qualités d'impact dans les sports de combat. Trop souvent, nous cherchons à développer la puissance d'impact en augmentant soit notre masse soit notre vitesse. Travailler selon ces trois qualité d'impact nous permet de développer une subtilité supplémentaire et de pouvoir adapter nos actions en fonction du résultat voulu.

Les 3 qualités d'impact sont : **Impact de surface, impact profond, et impact subtil.**

Impact de surface

L'impact de surface nous permet d'explorer et d'exploiter notre vitesse potentielle maximale. Il permet des frappes explosives, très rapides et difficilement détectables. En revanche, l'impact en lui-même produira peu de dégâts. C'est un impact très utile pour le Jab et qui permet de maintenir à distance, de « sonder » les réactions de son adversaire. L'avantage est de permettre de prendre très peu de risques, de maintenir sa distance et son équilibre, à l'inverse des frappes profondes. Votre corps reste unifié dans la frappe, mais ne « tombe » pas avec la frappe. Il permet des dommages sur les parties « molles » de l'adversaire, les parties génitales, les yeux, la gorge.

1. Travaillez sur une cible, un sac ou un pao
2. Mettez-vous en posture et enracinez-vous
3. En utilisant les concepts de GCP, et de vague, explosez et lancez votre bras vers la cible
4. A peine la cible effleurée, ramenez votre bras.

Votre objectif principal ici est la vitesse d'exécution du mouvement. Ne pensez pas aux dégâts. Vous devez cependant toucher la cible. Si vous sentez votre frappe s'enfoncer dans la cible, vous n'êtes pas sur une qualité d'impact superficielle. Pour vous aider, imaginez que la cible est « brûlante » et que votre main doit rester le moins longtemps possible en contact avec elle. Votre corps doit passer entre les états de relaxation – explosion (tension) – contact – et relaxation le plus vite possible.

Votre main doit se mettre en tension au moment exact du contact. Toute tension avant le contact ou après le contact limitera votre vitesse. Essayez de trouver le bon équilibre entre tension et relaxation. Plus vous travaillerez DKCJG, plus vite cette sensibilité se trouvera.

1

2

3

4

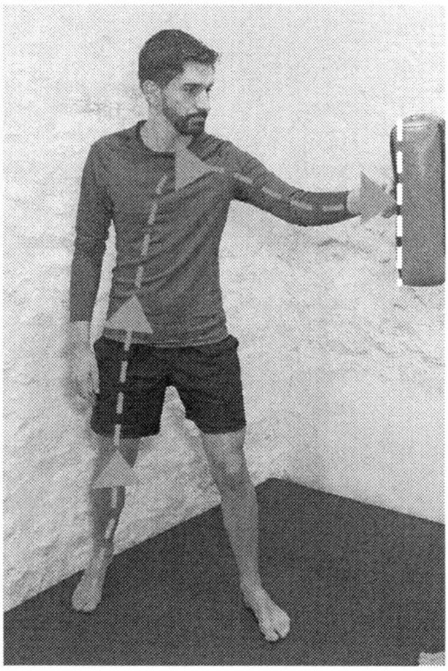

L'énergie monte du sol, explose jusqu'au poing et s'arrête au contact de la cible

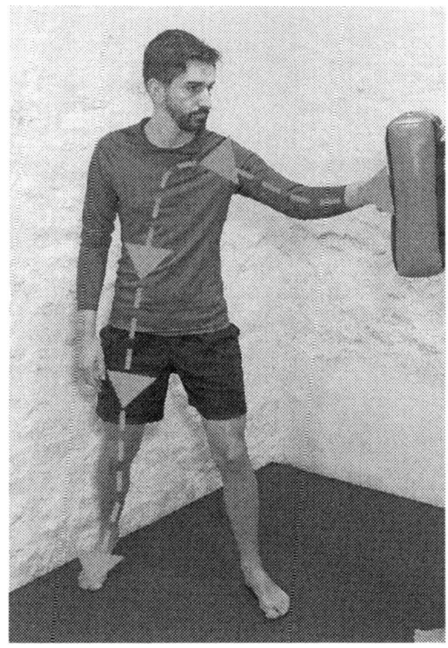

L'énergie est peu transférée à la cible, reste dans le corps et retourne au sol

Impact profond

L'impact profond va permettre l'exploration de votre potentiel de dégâts maximal. Il va permettre de sentir comment votre corps, vos articulations et votre enracinement vont pouvoir encaisser « la charge » de la masse de votre adversaire. Ici, vous cherchez à transpercer la cible, en engageant toutes vos articulations. La frappe profonde va créer une onde de choc qui sera ressentie jusqu'aux organes de l'adversaire. Ce sont donc des frappes très dangereuses.

Travailler l'impact profond est utile pour découvrir votre « maximum », à l'inverse de l'impact de surface, où vous reteniez l'énergie dans votre structure. Ici, nous allons laisser sortir l'énergie du poing au risque d'entraîner le reste de notre corps dans la frappe. Car c'est bien là l'inconvénient de la recherche de cet impact, à trop vouloir « en mettre », nous perdons le contrôle de notre équilibre, de notre enracinement. Cet impact nous oblige à nous jeter dans la frappe, ce qui peut être utile pour couvrir une distance supplémentaire entre nous et notre adversaire, ou terminer l'affrontement rapidement. Le gros inconvénient d'une frappe à impact profond reste que si nous ratons notre cible (et le risque est grand puisque nous avons moins la maitrise de notre corps) nous nous exposons à notre adversaire, et à son contre. Cette qualité d'impact présente donc un gros risque par rapport à ses bénéfices. Il est néanmoins utile de la travailler pour sentir ce qui se passe dans son corps.

1. Travaillez sur votre cible
2. Enracinez-vous et prenez toujours la même position de départ
3. En utilisant GCP et la vague, en sentant le poids au bout de votre bras, accélérez la descente de votre bras
4. Traversez complètement la cible

1

2

3

Vous constaterez une énorme différence au niveau de la puissance développée, ainsi que du son produit sur la cible. Vous pourrez aussi constater une légère perte d'équilibre. A la différence de l'impact de surface où votre restiez totalement en contrôle, ici pendant un court moment vous avez perdu votre enracinement et avez eu besoin de vous rééquilibrer avant de vous enraciner, perdant ainsi un temps et une énergie précieuse. Votre poing s'enfonce et transperce complètement la cible. En réalité, il se met en tension bien avant la frappe, traverse la cible, puis se relâche.

3

Impact subtil

Comme vous vous en doutez, l'impact subtil se situe donc entre l'impact de surface et l'impact en profondeur. Il va permettre de récupérer les qualités de vitesse et d'équilibre de l'impact de surface, mais également les qualités de dégâts de la frappe profonde. Cet impact est un peu plus difficile à travailler, et une excellente maitrise des impacts de surface et profonds, ainsi que de la gestion de sa tension et de l'enracinement, sont nécessaires. C'est la « frappe du KO », la frappe qui « part bien » et « revient bien », lourde et rapide.

1. Partez d'une position neutre, enracinée et relâchée
2. Donnez de l'accélération à votre frappe en direction du pao
3. Votre poing entre dans la cible, se met en tension mais ne traverse pas la cible.
4. Utilisez le rebond de la cible pour ramener votre frappe.

Le poing va accélérer vers la cible tout en étant relâché, et se mettre en tension au dernier moment. Le poing va entrer « dans » la cible, puis se mettre en tension explosive. La frappe doit entrer dans le « mou » de la cible. Cette tension soudaine, couplée à l'enracinement, et au fait que le poing est dans la cible, va expulser la cible, et donner un impact à

Départ enraciné

Contact relaché

Mise en tension de la frappe et du corps au contact

Expulsion du pao

Retour à la relaxation

l'effet démultiplié. Si vous travaillez avec un partenaire, il doit pouvoir sentir la différence. Vous devez frapper « facile », mais l'effet de l'impact doit emporter, expulser.

Tout le WCS se combine dans cette frappe.

Enracinement – relaxation – phase d'accélération – Arrêt et explosivité – retour à la relaxation

De plus, c'est un exercice qui vous demandera un certain niveau de sensibilité, et un état mental calme et détaché. Plus vous souhaiterez mettre de l'intention dans la frappe, moins cela donnera de résultats. Détachez-vous de vos attentes, libérez-vous, frappez en sentant le rebond de votre cible et la circulation d'énergie dans votre corps. Rappelez-vous : si vous ne sentez pas votre enracinement ou que vous le perdez, c'est que quelque chose ne va pas. Vous devez sentir l'énergie partir du sol, exploser dans le pao et rester en vous. Travaillez bien les impacts de surface et en profondeur. Cet impact subtil doit être différent des deux autres. Vous devez pouvoir enchaîner instantanément sur d'autres frappes.

L'énergie monte du sol et s'arrête dans le pao

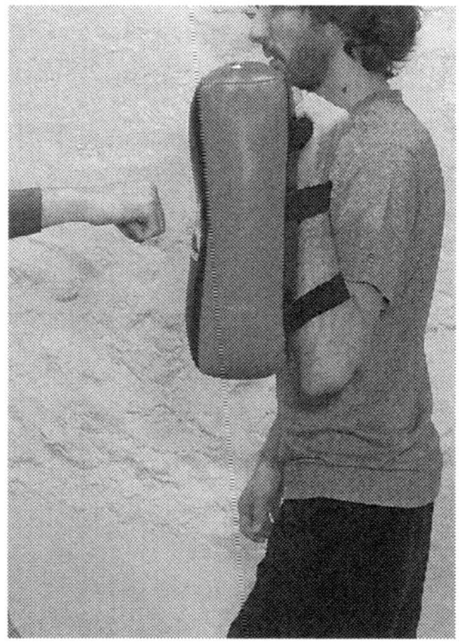

Expulsion du pao

Test de l'enracinement

Avec votre partenaire, testez votre enracinement. Vous allez vous mettre en posture comme sur les photos, vous enraciner, et votre adversaire va venir appliquer de la pression sur vos articulations pour tester votre enracinent. Vous allez devoir gérer votre équilibre, et vous entrainer à développer une force de poussée équivalente à la force de poussée de votre partenaire. Avec l'expérience, vous arriverez de plus en plus rapidement à vous stabiliser jusqu'à ce que cela devienne un réflexe inné. Votre corps doit automatiquement se stabiliser pour annuler les forces auxquelles votre adversaire essaye de vous soumettre.

Swann n'applique pas assez de force de poussée depuis le sol

Swann applique trop de force de poussée et se met en tension

Si vous appliquez une force de poussée supérieure à celle de votre partenaire, votre corps se mettra en tension et vous vous déracinerez. Si votre force de poussée est inférieure à celle de votre partenaire, vous subirez la force du partenaire, et vous vous déracinerez.

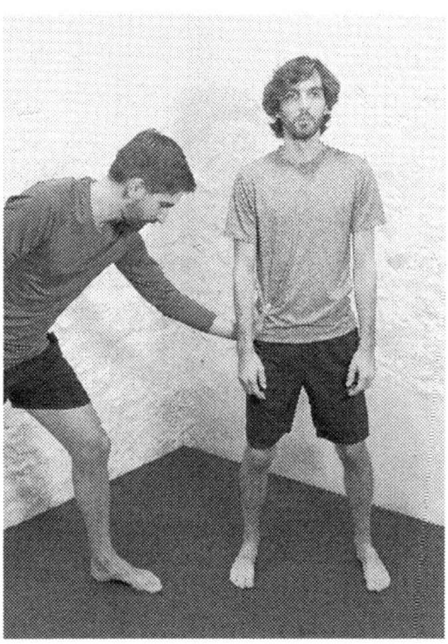

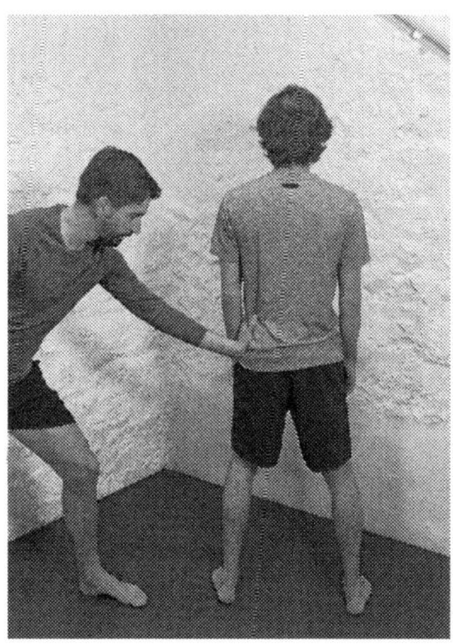

Poussée de coté au bassin

Poussée de coté à l'épaule

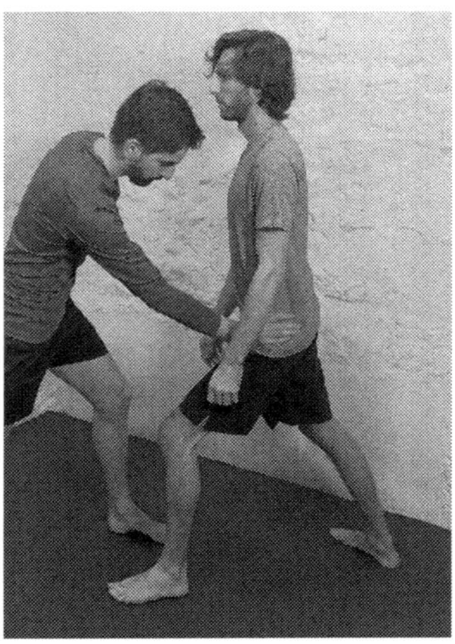

Poussée de face au bassin

Poussée de face au torse

Votre partenaire doit augmenter sa force de poussée de façon progressive, par palier, pour vous laisser le temps de trouver votre équilibre et de vous enraciner.

Ici encore, votre partenaire doit exprimer son ressenti pour vous guider. Quand les forces sont équivalentes, le poignet de votre adversaire va instantanément subir une immense

Poussée coude et poignet

Poussée poing

pression, et il sentira qu'il est inutile d'essayer d'appliquer plus de force.

Attention : Vous pourrez voir tracé le chemin principal qu'emprunte l'énergie dans le sol, la plupart du temps par

le pied arrière. Cependant, l'énergie n'est jamais à 100% sur un seul pied. L'énergie est toujours répartie dans les deux pieds, même au minimum. Utilisez tout votre corps de façon unifiée, relâchée, cherchez la tension juste.

Chisao ou mains collantes

Si on me demandait quel était l'exercice le plus rentable du WCS, ce serait celui-ci ! Cet exercice est un fondamental du WCS. C'est à mon sens un exercice qui combine de façon concrète absolument toutes les connaissances théoriques du WCS. Il qui se travaille forcément à deux, avec un partenaire déjà un minimum conscient de son enracinement.

Face à face, en contact

Chacun cherche à déraciner l'autre

Les deux partenaires sont face à face, en posture, enracinés. Ici, ma jambe gauche est devant, donc la jambe gauche de mon partenaire sera aussi devant. Le but de cet exercice est de déraciner l'autre, sans être déraciné. Il n'y a pas de déplacements, le premier qui fait un pas pour s'équilibrer a perdu ! Je peux pour cela utiliser mes mains, mes bras et mon corps pour déséquilibrer, pousser, tirer. Il n'y a pas de règles, le but étant de développer notre capacité d'improvisation, de défense et d'attaque tout en restant constamment en contrôle de mon enracinement. Quand un des partenaires se déracine, remettez-vous en position de départ.

1- Attaquant et défenseur

Pour commencer, désignez un attaquant, et un défenseur. Démarrez en ayant les avant-bras en contact. **L'attaquant cherchera à pousser ou tirer le défenseur pour le déséquilibrer, et le défenseur cherchera simplement à repousser, éviter ou rediriger les attaques de l'attaquant.** Cherchez constamment à vous relâcher, sans laisser l'attaquant avoir accès à des zones sensibles. Les zones sensibles sont les zones qui, si elles sont poussées, vous demandent un gros effort pour vous ré-enraciner. Les épaules, le plexus solaire, sont généralement des zones sensibles.

L'attaquant peut pousser d'avant en arrière, de gauche à droite, à différents endroits. Cet exercice reste dans la lignée des « tests d'enracinement ». Ne surchargez pas votre partenaire d'attaques, le but est qu'il puisse progresser. En tant que défenseur restez relâché, souple, adaptez vos défenses, soit en résistant à la force de poussée, soit en laissant passer l'attaque. Travaillez quelques minutes et échangez les rôles.

2-Chisao libre

A présent, les deux partenaires sont à la fois attaquants et défenseurs. Restez enracinés. Le premier qui bouge un pied a perdu. Avec l'expérience, essayez de créer des feintes, de sentir l'enracinement et les tensions de votre adversaire. Cet exercice deviendra un jeu tactique, où absolument tout le monde, qu'importe son poids, sa taille, ou sa condition physique, a ses chances.

Ne combattez pas, sentez l'échange d'énergie entre vous deux. Cet exercice ne doit pas vous fatiguer, ou vous mettre en tension constante. Relâchez les bras, et pensez à votre entraînement. Utilisez les mouvements de vagues pour utiliser la puissance de votre tronc, de votre colonne et de vos jambes.

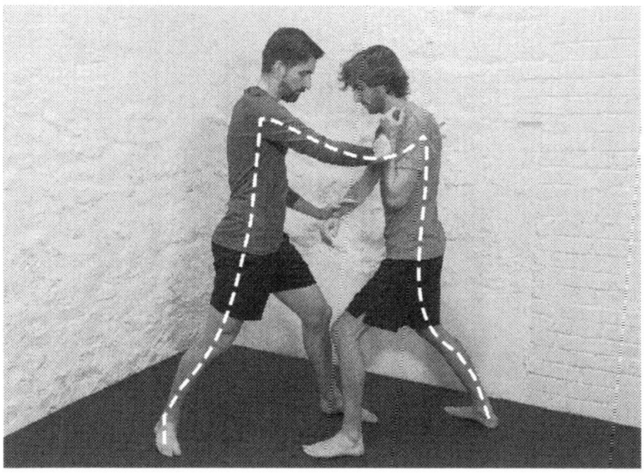

Je cherche à surcharger son épaule pour créer de la tension et le déraciner. Lui va résister avec son enracinement pour que son épaule continue de rediriger correctement ma poussée.

Je redirige sa poussée au plexus dans mon pied droit. Mon bras gauche part naturellement en clé à l'épaule pour m'aider dans mon équilibre et essayer de le déraciner.

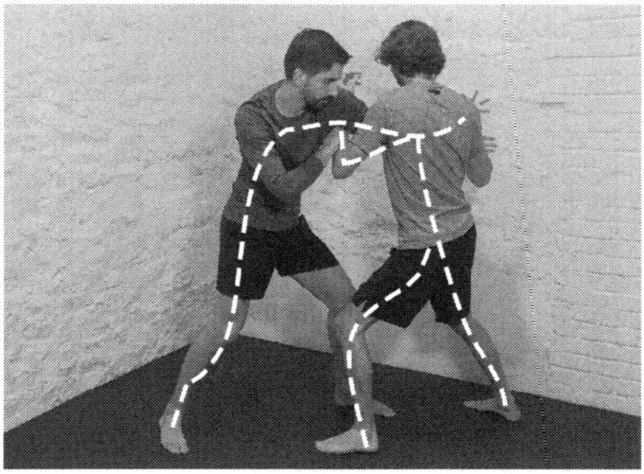

Je le pousse à l'épaule droite mais il se récupère en me faisant une clé à l'épaule. Je dois me rééquilibrer en reculant mon bassin vers mon pied droit.

Je pousse ses poignets pour faire reculer sa défense. Ainsi j'ai des accès plus faciles à son tronc.

Je pousse son torse avec mon épaule et mon avant bras. Il s'équilibre en attaquant mon bras droit.

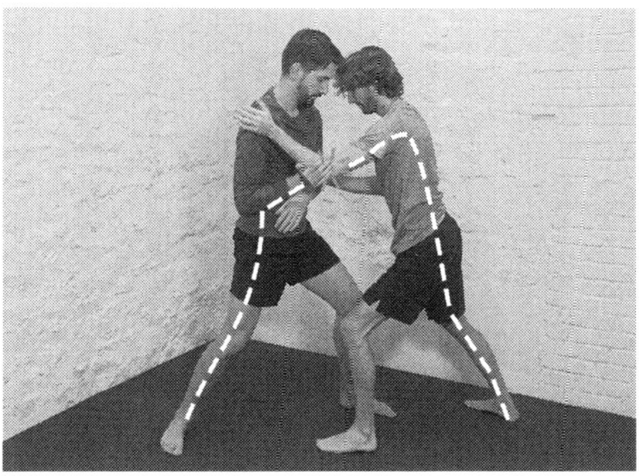

Je pousse son coude gauche, il résiste. Les deux forces de poussées générées se rencontrent au coude. Je peux essayer de surpasser cette force au risque de me mettre en tension, je peux arrêter l'attaque et le laisser entrer au risque d'être débordé, ou je peux essayer de trouver un autre chemin d'attaque.

Il me bloque les mains ensemble, créant ainsi beaucoup de tension et pousse au plexus pour me déraciner. Je dois équilibrer rapidement la posture en poussant dans mon enracinement et en utilisant la stabilité de ma colonne vertébrale.

Je tente un coup de poker en essayant de surpasser son attaque en utilisant mon enracinement, ma vague et mes bras.

La direction que prend l'énergie surprend Swann, qui ne peut pas rééquilibrer. Il se déracine.

3- Plein et vide

Avec l'expérience, vous comprendrez que la puissance réside dans votre tronc plus que dans vos bras. Vos bras sont comme des antennes qui sondent l'adversaire, ses tensions, ses faiblesses, son enracinement. Vos bras vous permettront de capter deux informations que j'appellerais « le plein et le vide ». C'est très simple.

Bien souvent les débutants de cet exercice n'essayent pas de sonder, ils attaquent de façon continue, sans faire attention aux informations qui transitent par leurs bras. A certains moments du Chisao, vous pourrez constater que les deux partenaires « forcent » l'un contre l'autre, et qu'il y a de la résistance. Vous serez « dans le dur », et continuer de pousser dans cette direction demande d'immenses efforts supplémentaires.

Ça résiste. En réalité, à ce moment-là, vous poussez un enracinement avec votre enracinement. Vous êtes en train de sentir le « plein ».

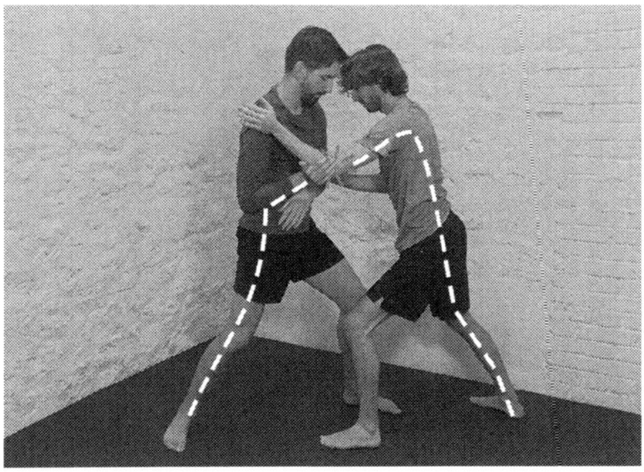

La situation est bloquée, nous sommes "Plein contre Plein".

Pour vous libérer de cette situation, vous pouvez ajouter encore du « plein », pour surpasser cette défense. Ou alors, vous pouvez créer du « vide », de l'espace, en vous retirant de votre attaque pour déséquilibrer l'adversaire. L'adversaire, qui lui est encore connecté sur ce « plein », peut être trompé et se déraciner suffisamment pour que vous puissiez le déséquilibrer. Attention, tout ce processus ne se voit que très peu de l'extérieur, car vos bras sont toujours en contact.

Nous pouvons faire le parallèle avec l'énergétique chinoise, qui pour expliquer cet échange d'énergie, utiliserait le concept du Yin et du Yang. Yang pour le "plein", l'attaque "en force"

Nous sommes tous les deux dans le "plein", Yang contre Yang. La situation est bloquée.

Je crée du "vide" pour attirer son "plein". Je crée du Yin, pour attirer le Yang.

et Yin pour le "vide", la souplesse, l'absorption de l'attaque de l'adversaire.

Plutôt que de réfléchir à vos attaques, utilisez le concept du « plein et du vide » pour sentir l'échange d'énergie entre vous et votre partenaire. Tournez autour du plein, créez le vide, créez de faux pleins. Ces concepts vous permettront de déconnecter le mental et de vous rendre plus sensible à l'échange, l'équilibre et l'union des énergies entre vous et votre partenaire.

Dans chacun de vos échanges en Chisao, essayez de sentir qui est plein, qui est vide, qui est Yin, qui est Yang, et apprenez à vous servir de ces deux énergies de façon complémentaire.

Note à la pratique du Chisao : Je vous encourage fortement à travailler les exercices présentés ici avec un partenaire. Néanmoins, si vous souhaitez travaillez seul, vous pouvez travailler en poussant un mur ou un arbre et en redirigeant le plus possible les forces vers le sol. Si par hasard vous gagnez le combat, envoyez moi donc une photo sur wcsfrance.com !

Entraînement type

A faire à n'importe quel moment de la journée et à adapter en fonction de vos objectifs.

Relaxation

Temps : pas de temps limite.

Position : allongé au sol sur le dos

Respiration : **15 cycles**

Inspiration par le nez, expiration par la bouche de façon naturelle

Relaxez le corps dans le sol jusqu'à sentir un changement d'état de corps.

Méditation

Temps : **10 minutes**

Position : Assise, dos contre un mur possible.

Respiration : inspiration par le nez, expiration par le nez, rythme calme, lent, contrôlé

Dk Chamjang Gong

Temps : **10-20 minutes**

Position classique debout pieds à largeur du bassin.

Gainage

Temps : **3x1min** avec 30 secondes de repos entre chaque série

Pompes sur poings par étapes

Répétitions : **3x 10** avec 30 secondes de repos entre chaque série

Relaxation des bras

Répétitions : **1x10** lancers de bras de chaque coté

GCP

Répétitions: **3x5** de chaque côté.

Lancez votre frappe devant vous et stoppez-la de façon nette et précise et revenez à la relaxation

Shadowboxing

Temps ; **3x2 minutes**

Boxez dans le vide avec les techniques que vous voulez, à votre rythme, pour tester votre enracinement de façon dynamique. Travaillez en cherchant les impacts de surface, en gardant l'énergie dans votre corps, dans votre enracinement.

Chisao

Si vous avez un partenaire, faites du chisao. Sans modération mais en respectant la sécurité de chacun.

Retrouvez plus d'exercices en vidéo dans les cours en ligne de Dk Yoo à cette adresse : dkwcs.com et sur le site wcsfrance.com

Pour conclure

Les arts martiaux sont restés longtemps cloisonnés et renfermés sur eux-mêmes et sur leurs connaissances, chacun défendant « son secret », chacun demandant de « croire son maître ».

Mais vous ne pouvez pas copier un maître ou son art. Au mieux, vous deviendrez une copie de ce maître. Il faut utiliser les connaissances du maître pour se trouver soi-même.

L'être humain, comme l'artiste martial, ne peut plus aujourd'hui croire sur parole. Il a besoin de comprendre, de ressentir par lui-même. Les explications biomécaniques doivent s'ajouter aux métaphores et aux explications énergétiques autrefois utilisées par les arts martiaux pour que tout le monde puisse en profiter pleinement.

Le rôle des arts martiaux est de créer un cadre où l'Homme peut expérimenter les extrêmes de ses 3 pôles; physique, mental, et émotionnel, afin de trouver son propre équilibre basé sur l'expérience. Il développe ainsi sa combativité et sa capacité à passer à l'action, tout en ayant expérimenté ses limites. Il peut alors reprendre une vie de tous les jours enrichie de ces connaissances et expériences.

Utilisez les arts martiaux pour vous libérer de vos croyances, et assumer de penser, ressentir, et bouger librement.

Ce livre aura une suite.

Thomas Peres

FIN

Printed in Poland
by Amazon Fulfillment
Poland Sp. z o.o., Wrocław

67573814R00108